圖解

三大特色
- 一讀就懂的教育行政理論知識
- 文字敘述淺顯易懂、提綱挈領
- 圖表形式快速理解、加強記憶

教育行政理論

第二版

秦夢群
鄭文淵 著

閱讀文字

理解內容

觀看圖表

五南圖書出版公司 印行

本書目錄

本書目錄

第 9 章　教育領導

第 10 章　動機理論

第 11 章　溝通理論

本書目錄

第 1 章

導　論

　　教育組織在人類社會中極端複雜，其具有特定的組成結構，也因為牽涉利害關係而成為眾所矚目的焦點。家長希望子女接受最適當的教育形式，立法者與利益團體藉由教育組織累積政治資本，凡此種種，均使教育組織牽涉變數極多，具有複雜的特性。

　　教育行政主要探究教育組織的結構與運作。在進入實質內容前，必須先瞭解什麼是教育行政、為什麼研究教育行政很重要，以及如何進行教育行政相關研究等。其相關理論模式與實務應用，即成為教育行政學的內涵。

Unit 1-1
教育行政的內涵與特性

一、教育行政的緣起

想瞭解教育行政，首先必須知道什麼是「行政」。簡而言之，「政」的意思就是「眾人之事」，而行政就是「行使政事」的簡稱。因此，「行政」可以言簡意賅的定義為「去執行與管理眾人的事」。那麼，教育行政就是「去執行與管理和教育相關的眾人之事。」

行政學直到 1887 年由威爾遜發表了一篇「行政的研究」之後，才逐漸成為一獨立學門。教育行政學則略遲於行政學，始於 1916 年《公共學校行政》一書之出版。直到二十世紀中葉之後，因為教育的功能與問題逐漸受到社會重視，教育行政之發展才一日千里。

二、教育行政的內涵

（一）教育行政的定義

教育行政乃是利用有限資源，在教育參與者的互動之下，經由計畫、決策、執行、評鑑等行政手段，制定教育相關政策，以有效管理教育組織，最終達成解決教育問題為目標的連續過程。

（二）教育行政的層面

歸納前述定義，可以細分為人、事、時、地、物等五大層面，茲分述如下：

1.人員（人）：即「教育參與者」，主要為教育機關公務員（含政務官與事務官）、校長、各處室行政者、教師與學生。其他尚包括家長、教育專家與一般社會大眾等利益團體。

2.政策（事）：即教育相關政策，如各級教育制度、實施政策與相關爭議之處理等。其中牽涉許多基本價值觀（如平等、卓越）之爭辯。

3.績效（時）：即重視組織的「效能」（effectiveness），以及人員的「效率」（efficiency），在最短的時間內，使有限資源能最有效地運用。

4.機構（地）：即各級專責教育行政的機構機關，如教育部、教育局（處），以及學校行政單位等。

5.資源（物）：即人力、物力及財力等相關資源的挹注，需靠教育行政工作的推動，以取得或妥善運用。

三、教育行政的特性

教育行政屬於行政領域的一環，但卻不能完全移植一般行政學的理論。原因在於，教育行政具有與其他行政不相同的特性，使得其他領域的管理應用於教育行政領域或學校行政領域時，會產生許多扞格。加上教育本身自有其倫理道德等價值觀隱含其中，更使得教育行政無法依樣畫葫蘆，僅能擇適而用。茲將教育行政之特性敘述如下：

1. 服務性：以服務社會為目的。
2. 倫理性：履行社會基本功能。
3. 專業性：創造文化，引導變遷。
4. 模糊性：目標抽象，評估不易。
5. 顯明性：公眾性強，易招致批評。
6. 類似性：類似其他行政領域。

教育行政的組成層面

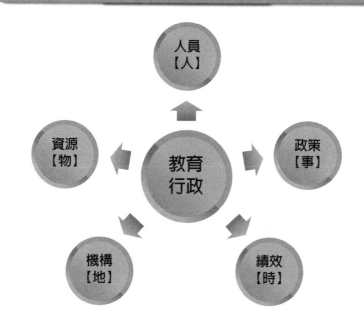

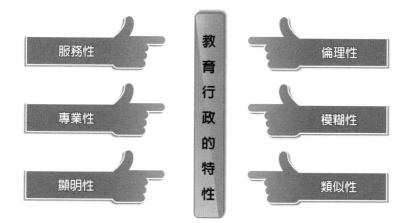

Unit 1-2
教育行政的功用

圖解教育行政理論

004

一、修習教育行政的理由

當我們懷抱著春風化雨的理想與育人成材的抱負，修習教育相關科目時，都不免懷有專業的工具性目的與滿腔熱忱的非工具性目的。

當面臨被要求修習教育行政這門學科時，許多志爲人師者不免質疑將來只要能夠教好學生，修習教育行政到底對從事教育有何幫助？實務上，修習教育行政有五項主要的理由，茲分述如下：

1. 應用已習得的教育科目：教育行政可以算是一門教育的「實踐」之學。在學過教育相關理論，如教育哲學、教育心理學、教育史學、教育社會學，與各科的教材教法後，如果不修習教育行政相關課程，所學往往只是紙上談兵。教育行政實踐了其他教育相關科目的主張，各學科之理念皆需透過教育的實踐乃進行檢驗。

2. 瞭解教育組織的運作原則：修習教育行政可以瞭解教育組織的類型與運作原則，例如：正式與非正式組織、組織文化與組織氣候等，對於初任的教育行政人員、校長或是教師而言，可謂受益匪淺。

3. 瞭解自身的權利與義務：近年來，「教職作爲一種專業」與「教師專業領導」甚囂塵上，因此，教師對於自身的權利與義務等相關工作條件必須充分瞭解，以在負擔應盡的義務同時，同時依法爲自我爭取應享之權利。

4. 兼任行政工作的可能性：教師擔任教職時間長達數十年，其間因學校需求或是自我尋求另一管道的自我實現而兼任學校行政工作。甚至可以以行政爲職志，未來經過遴選程序擔任一校之長，將所學貢獻社會。

5. 擔任各類教育職務諮詢：教育行政包括計畫、決定、溝通、評鑑等理念，因此修習教育行政後，若能進入縣市輔導團服務，或擔任校長退休後，除了本職學能外，可擔任各類教育職務諮詢，例如：各領域專任輔導員或課程督學等。

如此看來，修習教育行政這門縱橫捭闔之實學，到此看來是眞的有其用處，而非空中樓閣或海市蜃樓，更非虛無縹緲之太虛幻境。

二、修習教育行政的出路

修習教育行政，就是在爲未來所從事的工作做準備，舉例如下：

1. 教育行政機關任職：參加高普考，必須考教育行政，之後可到縣市政府或公立大學教育行政單位任職。

2. 學校擔任行政職務：所有與行政有關之職務，均可以從教育行政學中學得縱橫捭闔之道，以應對進退。例如：兼任學校行政職或考取校長。

3. 大專院校任職：可至國家研究機關或大學任教，教授教育行政學科。

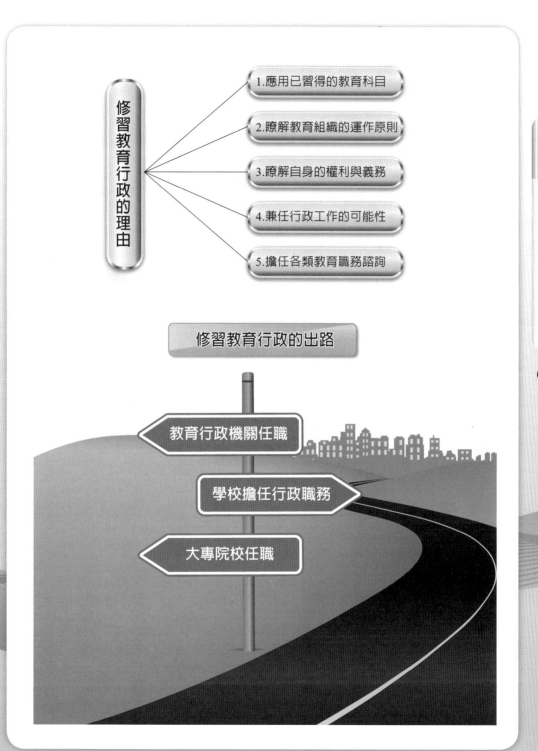

Unit 1-3
教育行政理論的研究

圖解教育行政理論

006

一、教育行政理論的發展研究

　　教育行政所涵蓋的範圍,主要可以分為理論與實務兩部分。在理論部分,教育行政牽涉極廣,有其特定之研究方法論(methodology)與相關之理論基礎(theory)。以下約略加以歸納說明。

二、教育行政的研究方法論

　　教育行政的研究方法論主要包括教育行政演進時期主要典範的探討,以及學者研究教育行政時所使用的研究方法。

(一)教育行政的研究典範

　　典範(paradigm)就是「特定學門的學術社群所共享認同的一種研究分析的方式。」茲依演進時期,將教育行政的主要典範概述如下:

　　1. 理性典範:最早出現的典範即理性典範,其主要在於研究事物現象的通則定理,強調結果類化的重要性,以利預測與控制。

　　2. 自然典範:自然典範在於研究事物現象的主體意義,強調個別性,以凸顯其整體價值。

　　3. 批判典範:批判典範在於研究事物現象背後的隱含價值或正當性,強調批判性,以透過批判而獲得改進。

　　4. 整合典範:整合典範在於以兼容並蓄的方式來進行研究,強調多元性與可行性,以較適合的方式研究事物現象來提升或逼近其真實性。

(二)教育行政的研究方法

　　教育行政經緯萬端,屬於一門實用之學,應可納各種研究方法為用,在僅介紹其中較常見者:

　　1. 文獻分析法:蒐集與教育行政相關的各種資料並加以分析,並獲得對所欲研究問題的答案。

　　2. 歷史研究法:藉由回溯過去對適時探索的真相,應用於今日的教育制度與問題,主要在於使用史料來回答研究問題。

　　3. 問卷調查法:針對所要進行的研究,決定蒐集資料後,編擬問卷進行調查,可依母群體大小決定要進行普查還是樣本調查。

　　4. 訪談調查法:以訪談者和受訪者的對話方式進行,在獲得受訪者的研究資料後加以分析,以解答所設定的研究問題。

　　5. 比較研究法:借用各類學科知識,針對特定教育行政的政策與問題,進行審慎地分析。

　　6. 人種誌:選定所欲研究的場所,親自進入參與其自然發生的現象,並作訪問與記錄的過程。

　　7. 詮釋學:針對某學門或領域的意義加以詮釋,目的在於探討其來龍去脈而獲得其中的真相。

　　8. 傳記學:屬於一種綜合式的研究方法,研究者先以其選定的研究方法蒐集、分析資料,最後進行傳記的撰寫,完成研究。

　　9. 實驗研究法:選定一個實驗情境,控制與實驗無關的變項,然後操縱研究者所設計的實驗變項,觀察其對成果變項的影響情形。

　　10. 行動研究法:行動研究顧名思義即針對既定的目標去執行、行動稱之,通常可以獨立研究或共同合作的方式進行,最終目的在於改進實務的問題。

三、教育行政的相關學門理論基礎

以知識系譜（knowledge spectrum）的觀點而言，教育行政實為一門結合「教育學」與「行政學」兩門不同學科領域的科學，目的在現實世界中實踐與推展教育。因此，除了援用行政學的相關理論之外，尚需旁徵博引其他學門來建構教育行政的理論基礎，如哲學、心理學、史學、社會學、法學、經濟學、管理學，以及政治學等。

教育行政的研究典範

理性典範
1. 分割情境中的變數，並控制無關變數。
2. 受試者與主試者角色分割。
3. 使用量化方法為主。
4. 假設考驗為過程中重要的一部分。
5. 設定好步驟，以便進行統計推論。

自然典範
1. 事件與現象不可與母體分離。
2. 受試者與主試者角色分割。
3. 樣本的結論不適合推論到母群體。
4. 使用非量化方法為主。
5. 並無特定步驟與假設，結論是觀察所得。

批判典範
1. 組織並非價值中立，而是充滿價值判斷。
2. 探討隱藏在組織背後價值的正當性。
3. 學校應發揮建構而非控制的功能。
4. 相關研究強調批判性。

整合典範
1. 以多元且可行的方式進行研究。
2. 針對研究對象設定研究方式。
3. 質性與量化方法並用。
4. 以最能逼近事物的真實性為主。

Unit 1-4
教育行政實務的研究

一、教育行政的實務範圍

在實務部分，教育行政作為一門應用學科，需要有實際執行教育行政機關的工作，以及執行教育行政的過程。因此，實務上，主要分為「內容」層面（practice），即執行教育行政事務的機關；以及「過程」層面（procedure），即執行教育行政作為的過程（或手段）。以下約略歸納教育行政「實務」的範圍。

二、內容層面

旨在探討大自教育部，小至學校等關於行政的事務內容，茲以臺灣的教育行政機關與學校行政機關為例，分述如下：

（一）教育行政機關

包括中央的「教育部」，以及地方的「教育局、處」，其中直轄市稱「局」，縣稱「處」。

（二）學校行政機關

學校行政機關可以分為實際運作層面與涉及對象層面，分述如下

1. 實際運作層面：包括校長以下的教務處、學務處、總務處、輔導處（室）、人事室、主計室等六大處室；如學校設有補校，則設補校主任一名，統籌補校相關事宜。

2. 涉及對象層面：有些學者會依所涉及的任務或對象等因素，將其分為教務行政、訓輔行政、總務行政、人事行政，以及公關行政。

三、過程層面

旨在探討組織、計畫、領導、溝通、決策、視導、評鑑，以及變革等行政作為的過程。舉例來說，前述教育行政機關即教育行政「組織」，其所轄各部門需執行該等工作事項，既然需執行工作事項，就必須要先擬定「計畫」，此計畫包括「長程」、「中程」，以及「短程」計畫，而計畫之總其事者為其各部門的負責人所「領導」，領導過程必須經過不同的「溝通」管道，而在溝通之中，往往必須對成員的「動機」加以考量，在折衝樽俎後做成「決策」。執行決策後，則由其上級部門定時或不定時進行「視導」與「評鑑」，以維持其運作之品質。如此以往，組織不斷地循環「變革」以適應環境。

四、學校組織演進歷程

實務上，如以微觀導向的學校教育系統為例，其演進的歷程如下：

（一）草創期

各項工作百廢待舉，由校長與開校功臣共同商議決定重大事項。如以新設校為例，籌備處通常會設置「籌備處主任」、「教務組長」，以及「總務組長」三個行政單位，籌備處主任由校長擔任，除綜理校務外，兼辦人事業務；教務組長由主任擔任，兼辦會計和文書事宜；總務組長亦由主任擔任，兼辦出納和事務事宜。

（二）成長期

大半工作的執行漸漸正式化，也有常規可循，此時學校的行政系統與教學系統漸趨完備，校長漸漸退居幕後。

（三）官僚期

學校規模日漸龐大，校長與部屬階層距離變大，因職位分類分層與法令規章完備，漸漸形成官僚體制。

（四）轉型期

校長除守成外，更要因應環境與科技變化所帶來的衝擊，力求學校轉型。

總之，如果校長在轉型期未能引進新觀念或新方法來經營學校，而一味抱殘守缺，則勢必面臨學校減班、甚至廢校的危機。果真如此，學校即進入解構重組；如果校長在轉型期領導得當，能順勢而為，應用新觀念與新方法來經營學校，使得學校校務蒸蒸日上，再開創嶄新氣象，如此則可稱為再構創生。惟不論解構重組或再構創生，學校均會重新進入新一輪的演進循環。唯一的差別僅在於草創期的時程長短而已。

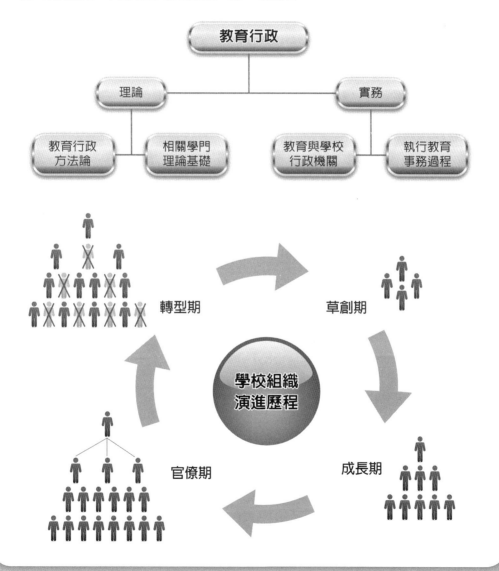

Unit **1-5**
教育行政研究的不同典範

圖解教育行政理論

一、各典範時期主要理論

　　教育行政的研究，在不同時期有特定之主流研究典範。特定典範的出現，乃是針對宇宙現象與知識的分析主張，與特定時空環境有很大的關聯性。例如：在機械化的工業時代，所有的運作都強調效率與效能，當時的氛圍就是在於如何追求效率與效能，因此，教育行政學門即借用當時的主流看法，致力追求達到行政效率與效能的最大化。一個典範可以包含多個相關理論，分別對所獲得之累積知識賦予概念與意義，並進一步詮釋各種現象與行為，當知識無法由現行典範作適當解釋時，新的典範即因運而生，採用不同的走向以對知識進行重組與詮釋，而產生另一波的影響，形成該典範代表的時期。以下依演進順序將各時期的主要理論分述之：

（一）理性典範時期主要理論

　　本時期以 Taylor 的科學管理理論、Fayol 的行政管理理論、Webber 的科層理論、Simon 的行政行為理論、制度學派、Lipsky 的基層官僚理論、Weick 等人的鬆散結合理論，以及 Meyer 等人的雙重系統理論為主。

（二）自然典範時期主要理論

　　本時期以 Mayo 等人的人際關係理論、Barnard 的合作系統理論、Parsons 的結構功能理論，以及 Leavitt 的社會科技系統理論為主。

（三）批判典範時期主要理論

　　本時期以 Habermas 的批判理論為主，兼論混沌理論與複雜理論，其中亦包括解構主義、女性研究，以及其他性別和種族議題。

　　理性典範、自然典範，以及批判典範之間彼此互有批評，但在現今之教育行政研究上，三者皆有特定之支持者。至於近年出現的整合典範，則趨向於針對各家觀點之整合，成效尚待觀察。

二、各典範的相關研究方法舉隅

　　各教育行政典範時期的相關研究方法，可以初步舉隅如下：

（一）理性典範相關研究方法

　　理性典範重點在於發現現象的通則，亦即其共通性，強調客觀與類化，因此多以量化方法，如以統計分析作為研究工具的實驗研究法。

（二）自然典範相關研究方法

　　自然典範重點在於詮釋現象的意義，亦即其個殊性，強調觀察與親身涉入，因此多以質性方法，如以親自觀察記敘作為研究工具的訪談調查法。

（三）批判典範相關研究方法

　　批判典範重點在於揭露現象的價值觀，亦即其正當性，強調反省與批判，因此亦多以質性方法為主。不同於自然典範的通盤敘述，批判典範重視的是針對現狀的不合理性予以批判。如以針對特定議題提出價值判斷作為研究工具的行動研究法。

（四）整合典範相關研究方法

　　整合典範重點在於融合前述三種典範，亦即其整全性，強調綜觀與多元，因此多兼容並蓄地採用前述各種方法進行研究。

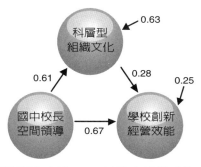

理性典範相關研究方法 ⟶ 結構方程模式的中介效果舉隅

2015年1月12日
　　教歷史的李老師於上午第二節參加教師會的開會，會中對於教務處所提出的彈性課程分配草案頗不以為然，認為如果皆以領域比例分配，會造成非主科的邊緣化。第三節上課時，李老師斥責了五位不專心上課的學生，告訴他們如果現在不想學習，也不要去干擾同學，造成同學的學習困擾。中午用餐時，李老師向午餐廠商反應學生對於冬天太早從車上卸餐桶，導致用餐時食物都變涼而難以接受，希望廠商能夠慢一點卸餐桶……

自然典範相關研究方法 ⟶ 一位國中教師的工作內容舉隅

　　……乃是希望我們的教育不要再有城鄉差距，這當然是非常重要的，可是城鄉差距絕對不能靠入學制度的改變來弭平。這是一件相當複雜的事，而且在現行制度之下就可以經由各種措施來逐漸消除這種現象，我完全不能瞭解為何經由十二年國教就可以均衡城鄉差距……
　　　　　　　──引自李家同，《教改休兵，不要鬧了！》

批判典範相關研究方法 ⟶ 批判十二年國教的城鄉差距舉隅

第 2 章

教育行政的演進

　　教育行政理論模式的演進，一開始是重視生產標準化的理性系統模式，但在二戰之後，自然系統模式逐漸興起，強調人不是機器，必須注重人的心理因素，繼之出現的是重視環境影響的開放系統模式，認為不論是團體或個人，均需與外界環境互動，才能順勢而動。然與外界互動之後，隨著科學日漸發達，相關研究亦證明組織系統具有耗散性的非均衡特性，基本上是混沌且複雜的，因此出現非均衡系統模式。

　　然而，直至近年來，由於大量的資料被蒐集，逐漸地產生一股重視「正是如此」的觀點，認為不需要瞭解事物的因果關係，只需知道將產生的結果加以利用即可的巨量資料時代，亦稱為未來系統模式。本章所稱整合系統模式，乃指非均衡系統模式與未來系統模式之整合。

Unit **2-1**
教育行政理論模式的演進

圖解教育行政理論

一、教育行政理論五種主要模式

綜觀二十世紀教育行政的發展與演進，主要受到四個理論模式的影響。其中包括「理性系統模式」（rational system model）、「自然系統模式」（natural system model）、「開放系統模式」（open system model）、「非均衡系統模式」（non-equilibrium system model）。目前「未來系統模式」（future system model）正逐漸成型，其中「非均衡系統模式」與「未來系統模式」可以合稱為「整合系統模式」（integrated system model）。

二、理性系統模式

理性系統模式認為，組織之所以有別於其他集合體，就在其能以理性建立確切目標，並透過正式化（formalization）的手段，確實達成目標。學者 Scott & Davis 認為，確立目標（goal specificity）與正式化，為理性系統所最注重者。其經營理念乃在使成員清楚瞭解組織之目標何在，並藉由制度與結構的正式化，使員工扮演好自我角色。

三、自然系統模式

自然系統模式主張組織其實與自然界之有機體相似，員工有其人格與需求，情感也時有波動，因此，組織除了表面的正式結構（formal structure）之外，尚有非正式結構（informal structure）的存在，亦即除了要注意目標設定等規範層面外，也需重視個體的人格與慾望，以創造正向組織文化。學者 Mayo & Barnard 等人，

均大力主張應對組織內的非正式結構加以重視。

四、開放系統模式

開放系統模式主張組織必須依賴外界環境所提供的人員、資源與訊息，絕不可能遺世獨居。同時，組織的疆界不可能完全封閉，外界環境的種種變化即循各種管道滲入組織，而產生相當程度的質變。由於環境的變遷極大，個體受其影響也非一成不變。最好的經營策略乃在根據不同的情境，設計與之配合的策略。學者 Fiedler 所採用的權變理論即主張天下並無永遠有效的萬靈藥，組織經營也是如此。

五、非均衡系統模式

非均衡系統的主張乃是對前面三種系統的反動，前三種系統乃採用牛頓時期的物理觀，認為作為宇宙現象的系統皆是規則的、亙古不變的；而非均衡系統則認為，系統本身即是混亂而無規則的，其中充滿許多未可預知的事件，基本上是呈現混沌（chaotic）與複雜（complex）的本質。在此假設下，非均衡系統模式主張組織是非線性（nonlinear）與非均衡的，即使是微小的起始行為也會產生如原子彈般的威力，而導致系統崩潰。

六、未來系統模式

目前教育行政系統已經進入各學門整合的現象，強調在大數據（big data）的使用下，所有組織所能呈現的現象

（what it is），而非其現象背後的因果關係與關聯性（relatedness）。因此，教育行政領域可能趨於隨機整合的策略性應用模式，組織的存在是順著環境的變化，抽取適合的各種理論整合來因應，因為目前系統架構尚未明朗化，因此可先暫稱爲未來系統模式。

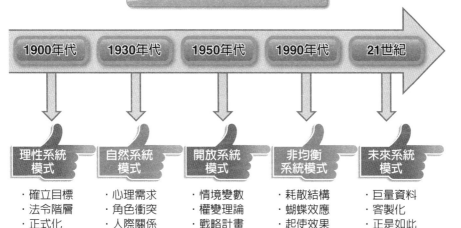

教育行政理論模式演進圖

1900年代	1930年代	1950年代	1990年代	21世紀
理性系統模式	自然系統模式	開放系統模式	非均衡系統模式	未來系統模式
·確立目標	·心理需求	·情境變數	·耗散結構	·巨量資料
·法令階層	·角色衝突	·權變理論	·蝴蝶效應	·客製化
·正式化	·人際關係	·戰略計畫	·起使效果	·正是如此
·階層化	·組織氣候	·開放系統	·混沌邊緣	·整合因應

各類系統模式下的教育行政角色

- 理性系統 執行者
- 自然系統 談判家
- 開放系統 權變家
- 非均衡系統 戰略家
- 未來系統 分析家

Unit 2-2
理性系統模式概述

一、理性系統模式之基本主張

理性系統模式時期又稱傳統理論時期，含括該時期各學派及其代表理論。其時期約介於 1900 至 1930 年，且其影響教育行政領域時間最早，故其各學派理論又稱古典行政理論。理性系統模式採用的「理性」一詞，與一般哲學詮釋不同，其偏向實用的定義，就是「為達成既定目標的最高績效所採取的合理行動與過程。」此外，理性系統模式對組織正式結構建立的正式化與結構化最為重視，強調組織的目標確立（goal specificity）與正式化（formalization）。目標的確立必須依據理性的原則，為決定日後決策之準則，以及執行過程的順序。目標確立必須遵循兩個原則：

1. 合理可行：目標的執行需考慮團隊成員的執行力，以及目標本身是否符合組織現況。

2. 上層模糊，下層精確：上層目標是概要，強調的是廣泛性以涵括各種可能；下層目標則需清楚定義，否則在執行上必定會有困難。

在確立目標後，組織將無可避免地邁向正式化，以追求最高的績效。「正式化」所指的就是組織的各類規定最大標準化，以最有效率的執行組織之各項決策。組織正式化後，下級僅需服從其所屬的上級命令即可，一切活動例行化與規則化，因此，員工可以心無旁騖的完成工作，其成果自然較有績效。組織正式化可以使事權統一，集中全力往目標邁進；支持理性系統模式的理論家多認為，此為杜絕人情的策略。此外，團體成員朝夕相處，難免礙於情面或因人設事，如果以組織中的制度為主，一切照章辦事，便可以減少彼此的尷尬與困擾。

正式化的另一個優點，便是個人升遷的規則較為透明，一切依照個人能力與表現，並根據升遷規定向上爬升。

正式化的另一個特點是個人色彩在組織中漸趨轉淡，而成員在組織中的表現僅是基本參考點，更進一步地需考量成員的條件是否符合組織晉升需求，也正因為如此，組織所挑選的人才不是依個人能力的強弱，而是依組織認為服從度與忠誠度最佳，最符合組織需求的人選。正因如此，忽略個人的感受也正是理性系統模式最令人詬病之處。

二、理性系統模式之代表理論

1. 科學管理理論：由美國人 Frederick Taylor 所提出。

2. 行政管理理論：由法國人 Henri Fayol 所提出。

3. 科層結構理論：由德國人 Max Weber 所提出。

4. 行政行為理論：由美國人 Herbert Simon 所提出。

三、其他相關理論

1. 制度學派：由 Philip Selznick 根據研究所提出。

2. 基層官僚理論：由 Michael Lipsky 所提出。

3. 鬆散結合理論：以 Karl Weick 為主要代表人物。

4. 雙重系統理論：由 John Meyer & Brian Rowan 針對公立學校組織結構所提出之理論。

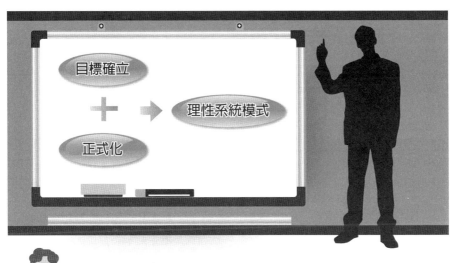

理性系統模式代表學派

科學管理理論	行政管理理論	科層結構理論	行政行為理論	其他相關理論 ·制度學派 ·基層官僚理論 ·鬆散結合理論 ·雙重系統理論

確立組織目標 ➡ 組織結構正式化 ➡ 組織活動例行化與規則化 ➡ 達成最高績效

理性系統理論簡圖

理性系統模式的主張

- 組織是人類合作系統的集合體
- 組織行為是有計畫達成目標的行動
- 組織執行正常運作的首要條件是確立目標
- 組織追求最高績效的必要條件是正式化

Unit 2-3
自然系統模式概述

一、自然系統模式之基本主張

　　自然系統模式時期又稱人際關係時期，涵括該時期各學派及其代表理論。其時期約介於 1930 至 1950 年，乃是對於理性典範的科學實證的反動。由於其學派將組織視為有機體，重視其自然運作的特性，因此其強調組織中除了正式的規範之外，尚存在著非正式的結構。自然系統模式採用的「自然」一詞，乃是其將組織視為是一「自然」運作系統，強調「在正式組織理性運作的同時，各種非正式、非計畫的事件，也會層出不窮地伴隨發生。」自然系統模式注重一群具有多樣性格的個體在試圖完成團體目標的過程中，彼此交會所產生的行為。在方法論上，理性系統偏向理性典範；自然系統為自然典範。理性系統模式的主張，諸如層級分明的體系、法令規章的完備與團體目標的確立，均是基於理性的基礎，探討有效率與效能的組織「應該」（ought to）如何建立；自然系統模式則較為重視組織的「實際運作」。

二、理性系統與自然系統模式之比較

　　以下針對理性系統模式與自然系統模式在假設上之不同，茲分述如下：

　　1. 職位層級：理性系統模式認為，組織是由不同階層的職位所組成，成員只要具備該職位所需技能，即可在其工作上輪調；自然系統模式則認為，組織係由不同的社會系統所組成，具有不同心理與行為特徵的成員常常在組織之外活動，所以即使具備該工作所需之技能，並不代表工作輪調制度絕對可行。

　　2. 權力結構：理性系統模式認為，權力集中在上位者，且職位高者有權管理職位低者，基本上是上級與下級的從屬關係；自然系統模式則認為，權力是分散在各種不同的社會系統中，因此有時會發生下級領導上級的情況。

　　3. 工作哲學：理性系統模式認為，組織目標是既定而不可動搖的，生產的控制在於嚴密的規章制度，成員是不喜歡工作而需嚴密控制的；自然系統模式則認為，組織目標雖然已經設定，但非不可動搖，其常會與組織內各非正式團體交會而產生個人行為的多樣性，成員並非不喜歡工作，而是為達到其個人滿足感或人格與角色不配合所致。

　　4. 溝通管道：理性系統模式認為，團體內之溝通管道必須依階層而設立，基本上若發生衝突則為不正常而需立即消除；自然系統模式則認為，除正式的溝通管道，組織中尚存在許多非正式交涉，因此會有衝突產生是正常的，而且具有建設性的貢獻。

　　5. 工作動機：理性系統模式認為，個人工作動機主要是為經濟上的需求；自然系統模式則主張除金錢因素之外，尚包括其他，如自我實現與社會歸屬感等滿足需求。

三、自然系統模式之代表理論

　　1. 人際關係理論：或稱人際關係學派，由 Mayo、Roethlisberger 等學者所提出。

2. 合作系統理論：為系統組織理論創始人物、美國人 Barnard 所提出。

3. 社會系統模式：為結構功能論的代表人物、美國人 Parsons 所提出。

4. 社會科技理論：為美國人 Leavitt 所提出。

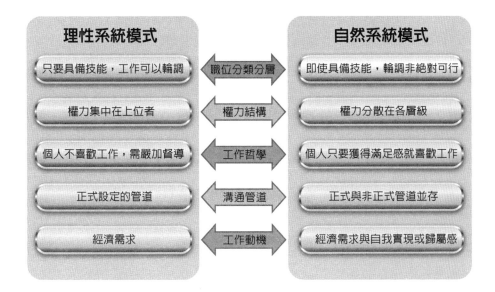

理性系統模式與自然系統模式之比較

理性系統模式		自然系統模式
只要具備技能，工作可以輪調	職位分類分層	即使具備技能，輪調非絕對可行
權力集中在上位者	權力結構	權力分散在各層級
個人不喜歡工作，需嚴加督導	工作哲學	個人只要獲得滿足感就喜歡工作
正式設定的管道	溝通管道	正式與非正式管道並存
經濟需求	工作動機	經濟需求與自我實現或歸屬感

自然系統模式代表學派

人際關係理論	合作系統理論	社會系統模式	社會科技理論

Unit **2-4**
開放系統模式概述

圖解教育行政理論

020

一、開放系統模式之基本主張

開放系統模式涵括本時期開放系統模式，包括其各學派及其代表理論。其盛行時期約略於 1950 年代以後，與傳統的封閉系統模式不同。基本上，傳統理性系統模式可視爲封閉系統的一種類型，而對其反動的自然系統模式已經開始對封閉組織提出質疑，承認組織內成員的個殊性與多樣性，以及其組織內各社會系統的互動，漸漸脫離封閉系統架構。開放系統更進一步主張組織不能遺世而獨立，必須與其所屬環境相互依賴與彼此影響。

開放系統與封閉系統的行政哲學不同之處在於，封閉系統認爲，「當領導者失敗，系統就垮了。」（When the captain fails, the system fails.）組織的成敗繫於領導者一人之身；開放系統則認爲，「當系統失敗，領導者就垮了。」（When the system fails, the captain fails.）強調外部環境變數是領導者無力控制的，因此，成敗乃是取決於組織與外在環境交互作用的結果。

二、開放系統與封閉系統之比較

開放系統強調「輸入→轉換→輸出→回饋」的動態循環過程；封閉系統則強調靜態組織內層級法規的制定、理性的控制與運作等。

三、開放系統之基本架構

Boulding 以「組織的複雜性」區分其架構如下：

1. 架構（frameworks）。2. 齒輪結構（clockworks）。3. 自動機械系統（cybernetics system）。4. 開放系統（open system）。5. 規劃成長系統（blueprinted-growth system）。6. 內在意象系統（internal-image system）。7. 符號處理系統（symbol-processing system）。8. 社會系統（social system）。9. 超自然系統（transcendental system）

四、開放系統模式之代表理論

（一）一般系統理論

奧地利人 Ludwig Bertalanffy 所提倡。

（二）權變理論

權變理論係由開放系統理論爲立論基礎演變而來。其主要派別如下：

1.Fiedler 的領導權變理論：爲美國人 Fred Fiedler 所提出。

2.Lawrence & Lorsch 的整合權變理論：爲美國人 Paul Lawrence 與 Jay Lorsch 所提出。

3.Tompson 的層次模式：爲美國人 James Thompson 所提出。

4.Etzioni 的結構模式：爲以色列裔美國人 Amitai Etzioni 所提出。

五、學校系統的開放運作

學校系統因爲其運作是動態且多變的，因此亦可視爲開放系統，其主要與次要循環四時運作不斷，且同時與外界環境進行交互作用。

除了既定的目標與規準的主要系統外，Kast & Rosenzweig 認爲，學校存在四種次級系統：

1. 結構次系統（structural subsystem）：以校長為首的主要行政幹部。

2. 人際文化次系統（human-cultural subsystem）：校內的非正式團體，如教師籃球隊。

3. 策略次系統（strategic subsystem）：學校危機處理小組、校務發展委員會。

4. 技術次系統（technological subsystem）：各科教師、職員，甚至學校警衛。

封閉系統模式	開放系統模式
注重團體的目標	注重環境的限制
層層向下的階層體制	次級系統間彼此互動
行動前先設定目標	目標視環境需求決定
只有一種方式來達到最大效能	一種以上方式來達到最大效能
靜態的關係	動態的關係
主管對團體負有絕對責任	主管受限於環境，難以絕對負責
活動都在團體的封閉系統中運作	活動是「輸入與輸出」過程並與環境交會
單一溝通管道	多樣溝通管道

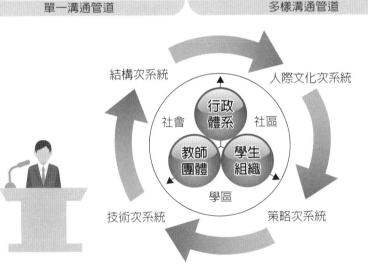

開放系統模式代表學派				
一般系統理論	領導權變理論	整合權變理論	層次模式	結構模式

Unit 2-5
整合系統模式概述

圖解教育行政理論

一、整合系統模式之基本主張

整合典範時期或可稱為整合系統模式，涵蓋非均衡系統模式與未來系統模式，涵括其各學派之代表理論。然目前除非均衡系統模式之外，未來系統模式尚在逐漸成形中。

「整合」一詞，目前有許多學者所提倡。「整合」乃是將系統中的任何子系統均兼容並蓄於其中，才能讓系統持續生存與發展。因此其基礎是奠基於系統理論（system theory），強調以全觀的途徑來瞭解事實真相。各種典範均有其價值，亦均能隨時合併取用，只要是具有其應用性。

基本上，非均衡系統理論自 1970 年代開始於自然科學領域中興起，其基本理念為非線性（nonlinearity）、不確定性（uncertainty）、隨機性（randomness）等，此種新理論被稱為「非線性動力學」（nonlinear dynamics）或是非均衡系統。

Kiel 曾提出非均衡理論，主張自牛頓以來，人類之自然科學觀計可分為以下三階段：

1. 牛頓物理學觀（第一階段）：宇宙是規則的、亙古不變的，只要找到其中的機械式連結，就可以控制整個系統。

2. 有限的權變模式（第二階段）：在一定範圍內，為適應環境而做有限的權變。現有系統並未破壞，權變的目的在維持「均衡」。

3. 非均衡系統理論（第三階段）：系統本身即是雜亂無規則的，其中充滿了眾多未可預知的事件。即使微小起始行為，亦可能引起軒然大波而使系統崩潰。

未來系統模式則因應於目前「巨量資料」（big data）或稱大數據時代之興起，所需理解的是「既成事實」的正是如此，而非「因—果」關聯性的為何如此。此外，從以前的「一種規格，全體適用」的概括性，轉變成隨機應變、符合個人需求的「一種規格，一人適用」的客製化途徑。由於目前該系統模式尚未明朗化，因此暫且以未來模式稱之。

總之，整合典範涵括非均衡系統模式與未來模式，而其主要研究方式在於整合多種典範以資應用，提出面面俱到的觀點而不至於有瞎子摸象之弊，如此才能提升結果的可行性與逼近其真實性。

二、非均衡系統模式之代表理論

1. 混沌理論：以美國人 James Gleick 為主要代表人物。

2. 複雜理論：由 Holland、Kauffman 等人所提出。

三、其他相關理論——巨量資料

由奧地利人 Viktor Mayer-Schönberger 與 Kenneth Cukier 所提出。

其實，混沌理論與複雜理論，使得邏輯實證論遭受到很大的衝擊。以教育組織為例，以前尚可關在象牙塔中辦教育，現在諸如許多利益團體之興起，各為其利益而施壓於學校或其他教育組織，校長自然必須折衝樽俎，如果輕忽不理，將可能會落得兩面不是人的下場。教育組織之複雜、矛盾與弔詭，使得傳統理論難以招

架。因此，繼之而起的是捨棄不重視「因果關聯性」，轉而重視「正是如此」的巨量資料，認為資料數量如果夠大，則其「可能性預測」會愈來愈精確。此亦不啻為是對非均衡系統的混沌理論與複雜理論的一種反動。

整合系統模式代表學派

| 混沌理論 | 複雜理論 | 巨量資料 |

非線性

非均衡系統特性

隨機性

不確定性

第 3 章

理性系統模式

● ● ● ● ● ● ● ● ● ● ● ● ● ● ● ● ● ●章節體系架構 ▼

　　理性系統模式影響教育行政領域的時間最早。遠在二十世紀初，管理學之父 Frederick Taylor 的經營理念即移植入學校，迫使校長正視有關績效的議題。基本上，理性系統所採用的「理性」一詞，與一般哲學的詮釋不同，而採取較為實用的定義，其係指「為達成既定目標的最高績效，所採取的合理行動與過程。」

　　然而，由於理性系統模式將組織的治理視為機械的操作，並將成員視為零件，必須配合整體運作，因而罔顧成員的感受，因此成為理性系統最為人所批評之處。

Unit 3-1
科學管理理論

一、Taylor 的科學管理原則

從歷史角度而論，第一位將行政管理系統化與科學化的為美國人 Taylor。其在 1911 年所著《科學管理原則》（The Principles of Scientific Management）一書，正式將管理帶入「科學管理」時期，因此被稱為「科學管理之父」。其書中揭示達到績效生產的六大原則，茲分述如下：

1. 時間設定原則：所有的生產活動與項目，應計算其產出時間，並以此來設定工廠中生產的標準程序。

2. 按件計酬原則：員工的薪水應按其成品的產出與品質來決定，生產多且迅速的員工，應得到較高的薪資。

3. 計畫與生產分離原則：管理工作應自生產工作中分開，單獨負責「計畫」生產工作，以收全時投入之效。

4. 科學方法工作原則：經理人員的工作在使員工感到舒適，並發展出最有效率的方法，使生產量達到最大，而成本花費最少。

5. 經理人員控制原則：主張員工是被動的、無主張的，因此，經理人員必須控制全局。

6. 功能管理原則：個人工作單一化，員工應嚴格依其專長而分類，並固定從事其被分配的工作，不可凡事都做。

基本上，Taylor 的理論堅持為達到產出最多且投資最少的理想，員工的工作程序必須加以科學化，經由客觀分析後，可以制定出規則與標準，只要照章行事，即可創造出最高的績效。

二、科學管理學派的優缺點

（一）科學管理學派的優點

1. 運用「系統化」、「計畫化」、「績效化」、「合作化」、「標準化」等科學的原則，將一團混亂局面理出頭緒來。

2. 去除了事權不清、各自主政的弊病，使團體的效率達到極大化，對現代行政管理有極大貢獻。

（二）科學管理學派的缺點

1. 將員工當作機器使用，忽略了人性的尊嚴。

2. 諸學者凡事皆談績效，卻鮮少提及員工的福利，所以難脫「壓榨」之嫌。

3. 主張多屬「封閉系統」的範圍，未能觸及「開放系統」理論。

4. 對員工採取不信任的態度。

5. 多以經營工廠或公司的經驗代替正式研究，並無嚴格的實驗設計，有時流於主觀。

科學管理學派的優缺點

優點
1. 運用科學原則，釐清方向，終結混亂局面
2. 去除了事權不清、各自主政的弊病

缺點
1. 忽略了人性的尊嚴
2. 難脫「壓榨」之嫌
3. 未能觸及「開放系統」理論
4. 不信任員工
5. 以經驗代替正式研究

Taylor與Tyler不是同一人
泰勒（F. Taylor）是主張行政系統化與科學化，提出科學管理原則的人，被譽為「科學管理之父」；而泰勒（R. Tyler）則是提出倡導「行為目標」概念的人，被譽為「現代課程理論之父」。

Unit 3-2
行政管理理論

一、Fayol 的行政管理原則

Fayol 在 1916 年出版《普通行政與工業管理》一書中強調管理階層的系統運作，與 Taylor 注重低層員工的工作方式不同，認為管理要素有五，分別為：計畫（planning）、組織（organizing）、命令（commanding）、協調（coordinating）、控制（controlling）（簡稱 POCCC）。Gulick & Urwick 將之擴展為：計畫（planning）、組織（organizing）、人事管理（staffing）、指導（directing）、協調（coordinating）、報告（reporting）、預算（budgeting），合起來就是 POSDCoRB。Fayol 指出管理的十四點原則，茲分述如下：

1. 專業分工：員工必須依其專長而分成若干工作單位，以使其才能充分發揮。

2. 權責相符：員工應依其職位界定其所享權力與所負責任。

3. 團體紀律：組織若想運作平穩，必須要有既定規章與紀律，使團體成員都能遵守。

4. 命令單一化：部屬只接受其直屬長官的命令，以收事權統一的功效，避免不同命令的衝突。

5. 方向單一化：團體運作方向必須只有一個，不可如多頭馬車般，令員工無所適從。

6. 個人利益在團體利益之下：不可為一己之私利而做出違背團體利益的事。

7. 員工報酬合理性：員工應依其專長與工作性質獲取報酬。

8. 權力集中：團體必須將權力集中於中央，以達到事權統一的目的。

9. 階梯層級：內部職位如階梯般層層相扣，讓員工能依序爬升。

10. 適當職位：各種職位由專人專任，以避免有事無人負責的狀況出現。

11. 公平原則：人事、經費，以及升遷均需保持公平。

12. 工作安定原則：遷調不宜過於頻繁，以免影響員工適應問題，打擊員工士氣。

13. 主動自發：員工對工作有熱忱，能主動積極創造。

14. 團隊士氣：團體中產生特定工作氣氛，使員工能藉由集體行動而同心協力創造佳績。

二、行政管理原則的優缺點

（一）行政管理原則的優點

與 Taylor「由下而上」的發展方向不同，Fayol 採用「由上而下」的模式，其探索組織理性化的途徑較為「宏觀」。此外，Fayol 的理論能落實於實務的應用，經由美國通用汽車公司的兩位負責人 Mooney & Reiley 的介紹，認為其理論中的正式化與專業化是訴求的主要條件，透過成員彼此的合作，即能創造佳績。因此其影響力已深入二十世紀初期的行政理論，並為其奠定基礎。

（二）行政管理原則的缺點

Simon 認為，其著作中的主張「失之蕪雜」，根本只是常識，不符合學術簡單化、精確化的標準。

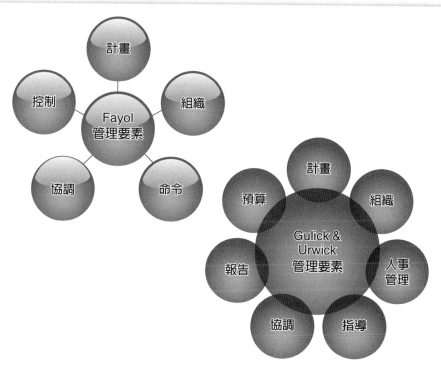

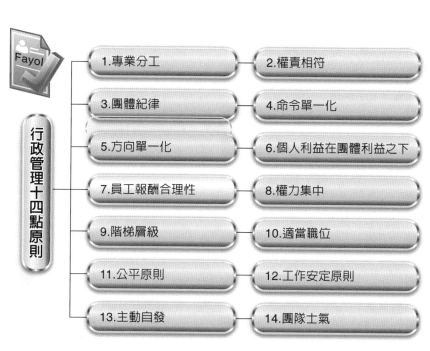

Unit 3-3
科層理論

一、Weber 的科層理論

近代關於正式組織的理論，受到 Max Weber 的科層結構（hierarchical structure）理論影響甚大。此種團體組織具有六大特徵：

1. 職位的分類分層：組織過於龐大，必須要由各種專門技能的人來分層負責。

2. 權力階層的存在：組織不但被分類分層，彼此之間也存在著嚴格的權力從屬關係。

3. 法定責任的訂定：組織中必須有一套完善的法令來規定權利義務，以維持權力階層的運作。

4. 記錄檔案的建立：組織內一切活動與員工資料，都經由一定程序來記錄並建立檔案存底。

5. 理性關係的建立：任何組織內的決定，皆需基於理性，而不能感情用事（決策者應避免個人好惡，就事論事）。

6. 薪資制度：組織中除少部分臨時半時制員工，其餘皆為靠薪水過日的全時全薪人員。

二、科層結構中的權威型態

Weber 定義權威（authority）是一種令人心甘情願接受服從的力量，可以分為三種，茲分述如下：

1. 魅力式權威（charismatic authority）：領導者的人格感召。

2. 傳統式權威（traditional authority）：血統或世襲制度。

3. 法定式權威（legal authority）：建立在法令的基礎上。

三、科層理論的優缺點

Hoy & Miskel 認為 Weber 學說的正、反效果，茲分述如下：

（一）科層體制的優點

1. 科層組織的權限劃分相當清楚，可收事權合一之效。

2. 科層組織的命令系統條理井然。

3. 科層組織的法令規章完備，且是穩定可學習的。

4. 所有行政資源（包括設備、權力、頭銜）皆與職位相連，而非為個人所私有。

5. 科層組織中的人員聘用，完全依據其專業能力而定。

6. 科層組織中的聘僱制度，使成員願意將其視為生涯工作（career job）。

（二）科層體制的缺點

1. 在龐大的科層體系中，重複性的動作將會產生倦怠感（boredom）。

2. 階層太過分化，阻塞許多溝通的管道與意見。

3. 依法令行事，導致不知變通，將會造成公文旅行、沒人願意負責的後果。

4. 理性關係形成冷酷氛圍，部屬只遵從命令行事，工作情緒低迷，毫無人情味可言。

5. 升遷制度如果僵化，會造成年資比成就更為重要的加薪或升級因素，將導致員工每日敷衍了事，毫無工作動機。

四、四種學校組織類型

Hoy & Miskel 依學校科層化與專業化程度，將學校組織分為四種：

1. 韋伯型（Weberian，高科層高專業）。

2. 權威型（authoritarian，高科層低專業）。

3. 專業型（professional，低科層高專業）。

4. 混亂型（chaotic，低科層低專業）。

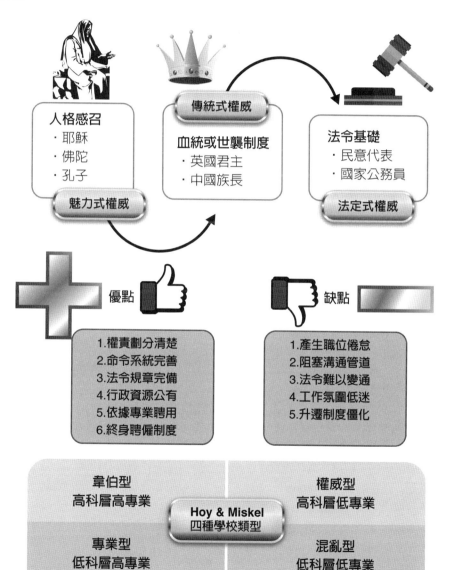

人格感召
· 耶穌
· 佛陀
· 孔子
魅力式權威

傳統式權威
血統或世襲制度
· 英國君主
· 中國族長

法令基礎
· 民意代表
· 國家公務員
法定式權威

優點
1. 權責劃分清楚
2. 命令系統完善
3. 法令規章完備
4. 行政資源公有
5. 依據專業聘用
6. 終身聘僱制度

缺點
1. 產生職位倦怠
2. 阻塞溝通管道
3. 法令難以變通
4. 工作氛圍低迷
5. 升遷制度僵化

韋伯型
高科層高專業

權威型
高科層低專業

Hoy & Miskel
四種學校類型

專業型
低科層高專業

混亂型
低科層低專業

Unit 3-4
行政行為理論

一、Simon 的行政行為理論

　　Simon 的著作《行政行為》（Administrative Behavior）一書在 1947 年出版後，對商業公司與行政組織運作產生極大影響。關於其理論之主要觀點，茲分述如下：

（一）設定目標（goal specificity）

　　其以「邏輯實證論」的觀點，將行政行為視為是一連串理性的運作，其中心乃是決策過程，而首要行動乃是「設定目標」。

（二）由上而下（top-down）

　　Simon 認為，應「由上而下」的設定目標，以形成「手段—結果」（means-ends）的相互關係。其步驟分述如下：

　　1. 首先設立組織的一般目標。

　　2. 接著去發掘能夠達成以上目標的特殊手段。

　　3. 視以上的個別手段為新的「次目標」，然後再發掘「另一組新手段」，以達成各個次目標；如此類推而下。

（三）目標層級（hierarchy of goals）

　　Simon 的理念認為，每個組織皆有其特定的目標層級，一般目標在金字塔頂端，其下為達成此目標的手段，但同時又是下一層手段的次目標，擁有雙重身分。

（四）既定前提（premises）

　　既定前提的設定極為重要，因為牽涉到目標層級的確立。Simon 指出，運用「既定前提」（premises）的方式有二：

　　1. 價值判斷：牽涉到個人的喜好與團體的共識。

032

　　2. 事實判斷：以現實世界的限制與運作為判斷的標準。

（五）專業分工與正式化

　　為配合各層級目標，組織內分工（各部門建立）與正式化亦不可缺少。員工依據準則辦事，如此才能作出理性的決策。其認為決策可以分為三階段，分述如下：

　　1. 情報活動。

　　2. 設計活動。

　　3. 選擇活動。

　　綜而言之，Simon 的行政理論建立在組織決策行為上，為達成理性的判斷，目標層級的設立不可缺乏。因此，Simon 的兩個基本理念為：

　　1. 深信決策行為是理性的、循序的、邏輯的。

　　2. 決策的各步驟循序漸進，彼此之間具有邏輯性的次序。

二、行政行為理論的優缺點

（一）行政行為理論的優點

　　1. 將行政運作界定為成員合作行為的看法，較為主動且正向。

　　2. 對組織之目標設定與決策行為有獨到之見解。

（二）行政行為理論的缺點

　　1. 過度簡化影響組織的變數，造成學用不能合一的窘境。

　　2. 主張仍陷於封閉系統，對於組織外的環境變數鮮少觸及，進而影響其實用性。

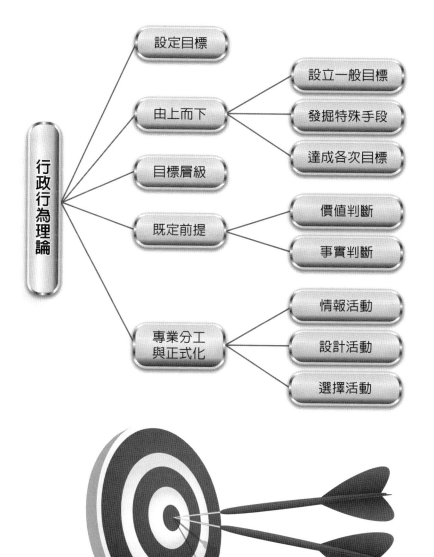

Unit 3-5
制度學派

圖解教育行政理論

034

制度學派在公共行政研究領域，具有極大影響力。茲將其主張，分述如下：

一、制度規範

相較於科學管理學派，制度學派對於組織與變遷有大相逕庭的主張，其主張組織行為的形成，乃是基於社會的感受與價值；組織變遷最大動力不在於市場等工具理性因素，而在於社會之制度規範，包括社會價值、習俗、文化與國家所制定之法律規範。

二、合法性

制度學派主張組織變遷是試圖獲得「合法性」（legitimacy）的歷程。組織的核心價值來自歷史與人民共識，只要符合所處環境之規範與價值，即使資源之使用與運作未達到最大績效之要求，依舊可以順利運作無礙，其最大原因即在於「合法性支持」（Meyer & Rowan 稱之為「合理性迷思」）。合法性的來源主要有二：

1. 規範認可（regulatory endorsement）：為國家或政府所主導。

2. 公眾認可（public endorsement）：為一般社會民眾所接受。

三、基本建構

行為學派認為，行為會影響制度，並進一步形成制度；制度學派則認為，組織之基本建構會對組織成員之行為形成框架，並進而塑造組織成員的行為。以校長為例，制度學派認為，制度之合法性決定了校長的領導行為。

四、同型化

「同型化」（isomorphic）是組織變遷的趨勢。其係指為了取得組織所處環境的合法性（趨近社會中心價值），組織會透過機制，使其與其他組織產生類似之歷程。促使組織同型化的壓力有三類：

1. 強制壓力：主要來自國家司法與政治之期待。例如：管教定義不清與法院對教師體罰的判刑，使得各校必須「相互學習」，以產生不致引起爭議的管教環境與做法。何校證明此較沒問題，其他學校即進而模仿。

2. 模仿壓力：主要來自同類組織的模仿學習。例如：高中生複製風雲人物；校長試圖模仿其他學校成功之處。這是一種「銘印」（imprinting）過程。

3. 規範壓力：主要來自社會機構化與其後所產生令人視為理所當然之規範。例如：為何要有畢業旅行？一節課為何是四十五分鐘？為何要穿制服等？

五、團體關係

理論上，制度學派焦點乃在組織成員彼此關係與連結上，而較少關注個別行為。以校長為例，瞭解教師在學校中之社會連結（教師與同儕之互動），比自我觀察的意見更形重要。

六、社會實體

領導行為之主軸，乃是對社會實體（social reality）之影響過程。

作為校長，在「合法性」與「同型化」的影響下，使學校「看起來」有績效，比

「真的」有績效更為重要。領導者除了技術性能力外，還必須要有與社會實體打交道的本領。例如：辦理大型活動，雖然對學生是否有好處尚有疑問，但此舉一來逢迎上級，二來得到社區的肯定，絕對符合制度學派追求合法性之訴求。

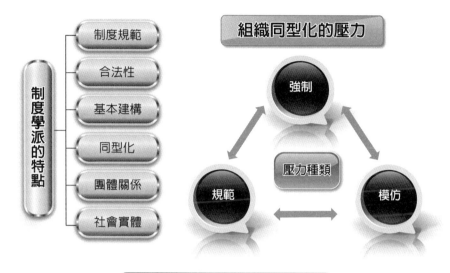

制度學派的特點
- 制度規範
- 合法性
- 基本建構
- 同型化
- 團體關係
- 社會實體

組織同型化的壓力

強制

壓力種類

規範　　模仿

校長塑造績效之具體做法

Step1 建構要求績效標語

　例如：我們做得到（或英文We can do it!）

Step2 建構績效之指標與作為

　例如：本校參與全縣英語演講比賽結果大獲全勝

Step3 利用符號與儀式呈現其作為（具象化）

　例如：朝會時當眾頒獎並齊呼口號

Step4 透過多元管道塑造學校績效之形象

　例如：在地區報紙或社區大會中暢談學校表現

Unit 3-6
基層官僚理論

圖解教育行政理論

036

一、基層官僚的定義

學者 Lipsky 首先提出並定義「基層官僚」，主張其是在第一線與群眾接觸、分配資源與執行公權力的組織員工。相關實例如：中小學教師、警察、社會福利人員、醫護人員等。

二、基層官僚的運作特點

1. 基層官僚機構往往面對大量的工作負荷，其運作往往與理想差距甚遠。以學校組織為例，上級教育官員極力提倡因材施教或有教無類的理念，但落實在學校時，卻出現窒礙難行的情況。原因在於，教師在面對大班級與堆積成山的作業時，其精力實在有限，在環境的限制下，其實際行為就必須有所妥協，因此僅能注意到部分優異學生，而無法顧及其他人的權益。

2. 基層官僚機構所服務的顧客，基本上沒有選擇的權利。以學校組織為例，義務教育的學校不能挑選顧客，必須照單全收學區的所有學生。影響所及，如服務公司般的學校就不能不與如顧客般的學生起爭執和衝突，顧客埋怨所受的服務低下，違反其作為公民的基本權利；公司卻認為在有限的費用下，必須作適度的調整，既然大家付的是簡餐的金額，就不能要求滿漢全席般的對待。

3. 基層官僚體系雖然位居底層，但對所服務之顧客生活影響極大。以學校組織為例，除了家境優裕者可將其子女送往國外或昂貴的私校就讀外，一般家庭小孩的學業成就，往往繫於學區中小學的績效。

然而，即使基層官僚的作為如此重要，限於環境之考量，基層官僚員工的運作卻採取低標準模式。

4. 基層官僚機構雖非上級之掌權者，但時勢所趨，卻擁有一定的「自主裁量權」。以學校組織為例，教師在教室面對不同學生，而教育部國教署希望教師必須能做「多元評量」與「有效教學」。但何謂「多元評量」與「有效教學」，則往往由教師主觀認定，未設有一定基準，因此，教師即擁有其自主裁量權，其權力並非校長或上級可以控制的。

三、專業官僚的運作特徵

學者 Mintzberg 曾提出組織結構理論，並依組織功能，將組織分為五類，其將公立中小學歸類為「專業官僚」（professional bureaucracy）的組織形式。

專業官僚係指組織中主要構成要素為作業核心人員，特徵為高度依賴各部門專業知識與技能。原則上，主管願意授權給作業核心人員，以使其有較高決策參與的機會。其特徵如下：

1. 專業官僚之運作，主要依靠成員在養成階段所受的專業知識與訓練，來加以導引。

2. 專業官僚有將工作分類分層的趨勢。

3. 專業官僚依靠成員專業，因此有適度的自主性。

4. 專業官僚相信專業更勝於組織。

5. 專業官僚之運作與任務相當複雜，上層命令難以掌控。

實務上，面對素質參差不齊的學生，教師往往發展特有方式加以應對，雖然上級並不喜歡，卻也莫可奈何。因此，許多教育改革口號喊得震天價響，然而一旦落入基層官僚體系，卻往往因為「上有政策，下有對策」而很快地煙消雲散。

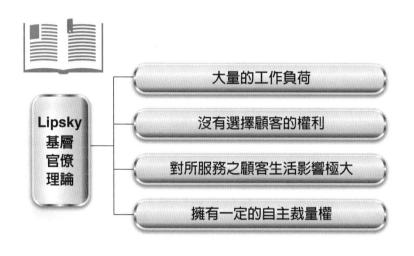

Lipsky
基層
官僚
理論

- 大量的工作負荷
- 沒有選擇顧客的權利
- 對所服務之顧客生活影響極大
- 擁有一定的自主裁量權

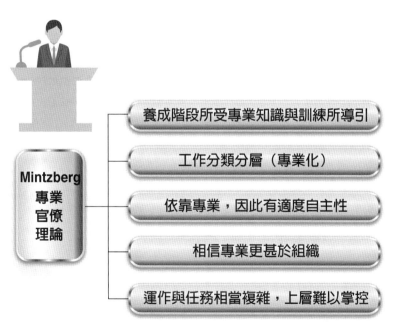

Mintzberg
專業
官僚
理論

- 養成階段所受專業知識與訓練所導引
- 工作分類分層（專業化）
- 依靠專業，因此有適度自主性
- 相信專業更甚於組織
- 運作與任務相當複雜，上層難以掌控

Unit **3-7**
鬆散結合理論（I）

一、鬆散結合理論的起源

一群學者在 1970 年代發現學校組織的科層結構，並不能完全代表產出績效高，因此開始進行一連串研究，試圖找出學校產出與期望不符的原因。結果發現，學校組織並非完全符合古典行政理論主張，亦即科層體制等層級節制的特質，而是呈現所謂「鬆散結合」（loosely coupling）的現象。

二、鬆散結合理論的主要學派

1. 組織無政府理論（organized-anarchies）： 由 Michael Cohen、James March、Johan Olsen 等人所提出。

2. 結合理論（coupling theory）：由 James Thompson 所提出。

3. 鬆散結合理論（loosely coupling）：由 Karl Weick 等人所提出。

三、組織無政府理論

Cohen, March, & Olsen 等人認為，學校組織不適用古典行政理論的原因有以下三種：

1. 學校的目標常不確定與不清楚：學校的許多目標常常帶著哲學化的句子，使規劃者或執行者難以作妥適安排與精細的執行，加上測量標準的不統一，更使團體之間因懷疑評鑑不公而衝突不斷。例如：「增進教師士氣」、「協助學生系統思考」、「如何界定評鑑時的評分標準」等。

2. 達成學校目標的方法與科技並未被充分瞭解：從早期的協同教學到現在的差異化教學；從早期電子白板的資訊融入教學到現在靠雲端運算的智慧教室；從早期楷模學習到現在的學習共同體等，其效用至今仍是爭辯的熱門話題，造成教師因為不諳其法而導致「人人一把號，各彈不同調」的各自解讀。

3. 參與的變動性：學校是固定的建構環境，但是其中彼此互動的相關成員會因為時間而產生變化。例如：學生去了又來、教師與校長不斷地遷調、有小孩入學的家長才關心校務等，在在使得學校成員流動性大，較難維持穩定的局面。

Cohen 等人將具上述三種特性的團體視為是組織的無政府狀態，表面上有組織，實際運作上卻呈現無政府的型態。按照 Cohen 等的看法，決策行為只是在一個裝有一堆鬆散結合意見的垃圾桶中，隨便抽取完成。因此，本模式又稱為「組織的垃圾桶決定模式」（garbage can model of organizational choice）。構成「組織的垃圾桶決定模式」有四大要素：

1. 一大堆的問題：一切與學校相關的問題。例如：學生打架、體育館漏水、升學率太差。

2. 一大堆的解決方案：由各方人馬提出，但卻未精密評估。例如：加強考試技巧、課後留校補習。

3. 流動的參與者：介入與退出的時間不定，視其精力與意願而定。例如：學校教師參加各種決策會議。

4. 可供選擇的機會：垃圾桶中有眾多待解決的問題與可供選擇的方案（機會），端看當時參與者是誰。例如：教師

教學技巧精進研習或工作坊，本希望較少參與研習之教師參加，但參加者均是本來就有心且常研習進修之教師。

在無政府狀態下，學校真正決策往往由隨著特定參與者見解起舞，導致決策令人瞠目結舌，猶如隨便從垃圾桶掏出一般。

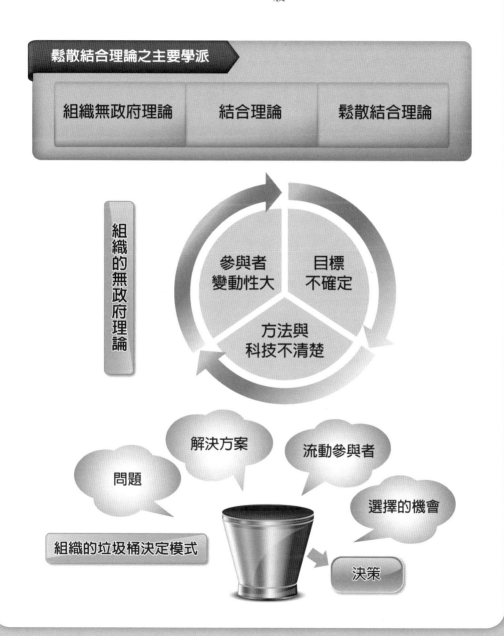

鬆散結合理論之主要學派

| 組織無政府理論 | 結合理論 | 鬆散結合理論 |

組織的無政府理論

參與者變動性大

目標不確定

方法與科技不清楚

組織的垃圾桶決定模式

解決方案

流動參與者

問題

選擇的機會

決策

Unit **3-8**
鬆散結合理論（II）

四、Thompson 的結合理論

Thompson 主張，組織中最大的問題在於其「不確定性」（uncertainty）。此不確定性在學校組織中更顯而易見，常令行政決策者難以進行抉擇。此外，Thompson 發現，團體中各成員結合（coupling）的情況約有三種：

1. 互惠式的結合：各成員來回的輪流以完成工作，成員必須緊密配合，才能成功地完成任務。例如：醫院。

2. 循序式的結合：成員間一個接一個逐步來完成工作。例如：一貫作業式的工廠。

3. 聯營式的結合：成員間在工作時共同使用團體的資源，但彼此之間卻保持獨立的型態。例如：學校中，校長與教師的關係。

聯營式的結合縱使有任何一方（如學校的教師或行政者）不勝其職，只要有一定資源（經費與設備等），仍會有一定產出，不似互惠式結合及循序式結合的團體成員，必須要緊密配合，才能有成功的產品。

五、Weick 的鬆散結合理論

Weick 針對學校成員之間保持相當的自主性，與 Webber 理論的科層體制結構不同，特提出學校乃一「鬆散結合系統」的理論。其特點如下：

1. 部門鬆散結合，各自調適因應：系統中的每一個部門，由於具有鬆散結合的特性，因此可針對實際需要而自行調適因應。

2. 部門獨立運作，彼此影響不大：如果系統中的任何一個部門發生困難或解組的現象，對其他部門產生的影響不大，甚或不會產生影響。

3. 部門成員之間，有較大自主權：系統中的每一成員或團體均擁有較大的自主空間，並能發揮自己的影響力。

4. 部門分化較大，命令傳達較慢：系統中組織的上層長官的命令，因為部門分化與成員自主的結果，比較難以迅速地傳達至每一個組織成員。

Weick 說明學校與一般商業機構之不同處，摘要如下：

1. 在許多不同的教改計畫下，教育的成效卻未見太大起色，往往與討論後所做成的決策和預期績效大大不同。此乃因為學校運作不比建造房屋或經營工廠般，付出的努力與勞動力成正比。

2. 如果我們非要為學校的運作找一譬喻，則農業的運作遠比工廠適當，因為農業並不是無中生有，而是需要播種、耕種、除蟲等步驟循序漸進。

3. 只要教師與學生在一起，就算教育局長跑到國外去玩樂，某些教育行動與成果依舊繼續進行與產出，並不會受太大影響。

總之，Weick 的論點是學校與一般商業機構不同，即使某些成員拋棄職守，最後仍有些成品出現（雖然在品質上不敢保證），並認為在此系統中，各成員之間彼此相關，但卻保持自己一定的身分與獨立性。這種型態和 Thompson 所謂的「聯營式結合」頗為相似。

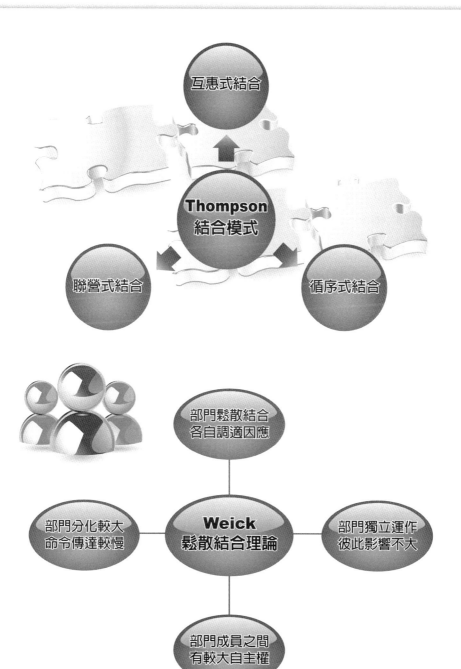

Unit **3-9**
雙重系統理論

雙重系統理論（dual system theory）主要由 Meyer & Rowan 首倡，其特點如下：

一、對於鬆散結合理論的反思

鬆散結合理論在教育行政界引起很大的震撼，因而讓學者重新反思學校與其他組織在經營上之異同，並紛紛進行研究。而至 1980 年代中期，學者研究發現，鬆散結合並不能涵括學校的特徵，進而提出雙重系統理論。

二、行政高度結構化，教學鬆散結合化

如 Meyer & Rowan 進行調查發現，在教學系統與學生組織間是鬆散結合的，但是在非教學部門的行政系統中卻呈現高度結構化。基本上，學校在教學系統與學生組織上具有「鬆散結合」的特性，但是在非教學的行政事務上，卻是「高度結構化」的。

三、校長仍具有一定法職權

根據學校相關法令賦予校長法職權之行使，校長確實可利用其組織賦予的法定權力來影響課程與教學，其中包括：

1. 時間的控制：校長可以決定上、下課時間的安排。

2. 對於學生分班安排：校長可以依法決定學生分配班級的原則。

3. 教學的形式：校長可以決定是否實施能力分組或常態編班。

4. 對於資源的控制：校長對教學用品、體育器材、甚至活動經費的控制，具有最後決策權。

四、校長對教師的影響力有限

校長法職權行使下，學校在行政部門呈現緊密結合的狀況；然在教學部門的教師，具有社會所認可的「專業官僚」地位，因此，校長給予的約束力有限，原因有二：

1. 校長職位的起源：一般而論，除了極少部分校長是由具有豐富教育行政經驗的教育行政機關人員轉任之外，一般皆來自於學校主任參加甄試而來，且本身大部分僅具有單科專長，因此對於具有各科專長的教師，其約束力自然較小。

2. 教師工會的興起：教師工會的興起，使得教育行政機關與學校均需給予適度尊重。原因在於由龐大的教師公會組成之工會具有勞動三權，且教師人數所形成之利益團體，對選舉的影響甚鉅，此牽涉教育政治學之權力宰制；然對於校長而言，教師工會之校長遴選投票權亦令其敬畏三分。

五、行政與教學間存在隱性衝突

1. 接觸互動的機會較少：除了兼任行政職務的主任與組長，因教學與課程需要，需與教師互動外，行政人員與教師互動較少，此在人數較多的大學校更加明顯，因而常存在隱性衝突。

2. 不同薪資結構：一般而言，教師與行政人員均領有基本薪俸，但教師另外所領的稱作「學術研究費」，而行政人員所領者為「專業加給」，待遇差異甚大，造成行政人員心態上容易不平衡。

3. 考績審核標準不一：教師只要當年度未出大錯，基本上考績均給予甲等，晉

薪額一級；而行政人員限於考績甲等有一定數額，往往未能全數甲等，更令一些較認真的行政人員看到教學較為怠惰的教師仍能坐擁甲等考績，不免嗤之以鼻。

第 4 章

自然系統模式

●●●●●●●●●●●●●●●●●●●●●●●●●●● 章節體系架構 ▼

　　自然系統模式主要是對於理性系統模式主張的反動，認為組織不僅存有正式的規範，也具有非正式的結構。制度固然重要，但是重視組織中成員的心理需求，同樣不可忽視，畢竟人是活生生的個體，而不是冰冷的機械。

　　此外，由於自然系統強調組織是自然的運作實體，因此除了重視人與人的關係之外，亦自成一種社會系統，因此出現了人際關係理論、合作系統理論、結構功能理論、社會系統理論，以及社會科技系統理論。當新理論紛至沓來地出現，之後即為教育行政開創另一種嶄新研究方向。

Unit 4-1
人際關係理論

一、人際關係理論的起源

人際關係學派又稱霍桑實驗學派，代表人物為 Roethlisberger、Dickson、Mayo，這三人也是霍桑實驗的主導者。一開始，實驗者認為，個人的生產量可以如科學管理學派所宣稱般被理性地計算，亦即藉由物質的改善，使員工達到最佳的生產效率。但深入訪談員工後，發現「霍桑效果」（Hawthorne effect），即員工深覺被重視而激發其生產力，並非外在因素（照明設備改善、調整工時）的影響。因此，實驗結果推翻科學管理學派的主張，強調對工人的尊重與聽取其意見，更能使生產有效率。

此外，1939 年的「銀行配線房」實驗，亦與霍桑實驗有相類似的結果。「銀行配線房」是研究者試圖以提高工資的手段，增強員工的生產量，結果是實驗組的員工無一人突出，皆圍繞著團體平均生產量之上下運作。換句話說，員工寧願放棄加薪的誘惑，選擇遵守團體的共識（不要做得太好，一來怕日後廠方提高標準，二來容易被同儕視為愛出風頭而遭排擠），這已經不是科學管理學派單純地以「經濟交易產物」，而是牽涉到多種價值觀與人格的複雜行為了。

二、人際關係理論的特點

1. 尊重成員心理：霍桑實驗顯示，人是需要被尊重的，也就是人是社會的組成分子，有其情緒等感覺，因此不應將人視為機器，而是應將人視為人，並給予適度尊重，讓其能夠在團體環境中獲得尊重需求的滿足。

2. 非正式組織：銀行配線房的實驗結果，確立了「非正式團體」（informal group）的力量。成員的行為多半不僅是其單獨表現，而且必須依其所處社會團體的共識，以作為其行事的標準與依據。

3. 重視成員士氣：生產效率並非與物質的提升呈正比，有很大部分取決於員工的心情，也就是員工是否在組織中受到領導者的關懷與激勵。領導行為如能與員工個體建立良好關係，時常給予關懷，那麼員工就會有士氣，並進而提升其生產力。

三、人際關係理論的批評

起因為科學管理學派視員工為機器，可以理性計算其最大產量的觀念，但矯枉過正的結果，依然不能有效的經營組織。茲將學者專家之批評，分述如下：

1. Scott 指出，其不過是另一種主觀且過度簡化的論點而已。

2. Etzioni 認為，人際關係理論將組織視為「快樂家庭」，與實際的情況不符。

3. Schwab & Cummings 進行實證研究發現，員工的工作滿意度與其產量並無顯著相關。

4. Porter & Lawler 認為，員工的高工作表現使其產生滿足感，而非後者影響前者；主張滿足感是一種結果，而非是人際關係學派認為的導引因素。

人際關係學派的影響力，在於以社會和心理的角度出發，使員工的感覺與動機開始被重視，並激發組織之相關「個人」層面的研究（領導、士氣、滿足感、非正式團體、組織文化等），此皆是人際關係學派的貢獻。

霍桑
效應

＋

人際關係
理論

銀行
配線房

論點主觀且過度簡化

過度理想化
與實際狀況不符

對人際關係
學派的批評

工作滿意度與產量
無顯著相關

工作表現與滿足感
才是因果關係

人際關係理論的三個特點

尊重成員心理

非正式組織

重視成員士氣

Unit **4-2**
合作系統理論

一、合作系統理論的源起

1. 與人際關係學者互動：Barnard 與當時任教哈佛大學的人際關係學派學者 Mayo 和 Roethlisberger 等人，常常有往來互動，因此受到了影響。

2. 實務的行政經驗：Barnard 為電話公司總裁，有實務上的經驗。

3. 科學管理學派風行：當時 Taylor 等人的科學管理學派盛行一時，蔚為風潮，其理論對 Barnard 產生了影響。

二、合作系統理論的內涵

Barnard 的合作系統理論（cooperative system theory）試圖將理性系統中所強調的「組織目標的確立與正式化」，以及自然系統中所強調的「個人需求」，加以融合，主張「團體期望」和「個人需求」彼此平衡，才能獲得佳績。

三、合作系統理論的主要觀點

Barnard 在 1938 年出版的《行政人員功用》（The Function of Executive）一書中，所主張的觀點如下：

1. 權威的接受程度：Barnard 認為，組織權威的產生，除了領導者「由上而下」訂定規章外，尚需有成員「由下而上」的服從意願，此並非說說而已，而是需要去執行的。

2. 組織是互動的系統：組織是由成員彼此的互動關係所形成，包括「共同的目標」、「奉獻的動機」，以及「互動的能力」。

3. 溝通管道的建立：為使團體正式與非正式組織達到協調，「溝通」就成為極重要的工作。此牽涉到溝通網絡的建立，使命令管道不僅由上而下，部屬的心聲也能因溝通網絡的建立而上達。

4. 非正式組織的存在：表面上有正式組織的運作，私底下則有非正式組織的相互影響，而組織裡許多檯面上的問題，往往可藉由非正式組織來解決。

5. 心理滿足感的重視：員工工作動機的因素除金錢和物質外，尚有心理的滿足感，包括受到尊重、下情上達、有自我實現的機會等。精神上的獎勵，往往比物質更有效。

6. 士氣的重要性：Barnard 認為，經營者除了關心體制的建立以外，也應注意「士氣」（morale）的經營。組織中的士氣，往往是一種氛圍（milieu），會不知不覺地影響其組織內的成員。

7. 效能與效率兼顧：Barnard 認為，「組織功能」即「效能」（effectiveness），主要指系統或團體產量的精良與利潤的增加；而「個人滿意度」即「效率」（efficiency）主要牽涉到個人工作滿意度與團體組織氣候的調和。

綜合 Barnard 的學說，主要即在強調「組織功能與個人滿意度的互相配合」。Barnard 認為，唯有「效能」和「效率」皆達到時，團體才能保持長期的進步。犧牲個人滿意度，也許能暫時獲得產量的增加，但效果不會持久。畢竟人不是機器，工作久了還是會產生倦怠感。

048

Barnard合作系統理論的起源

與人際關係學者互動

實務的行政經驗

科學管理學派風行

團體期望

合作系統理論

個人需求

合作系統理論的主要觀點

權威的接受程度

組織是互動的系統

溝通管道的建立

非正式組織的存在

心理滿足感的重視

士氣的重要性

效能與效率兼顧

士氣（morale）是什麼?
士氣就是成員對組織的看法、忠誠度與願意奉獻的意願。簡單的說，就是所謂「團隊精神」。

Unit **4-3**
結構功能理論（I）

一、結構功能理論

（一）功能論的觀點

要瞭解 Parsons，需先瞭解孔德（Comte）、史賓賽（Spencer）與涂爾幹（Durkheim）等「功能論」學者的基本主張：

1. 有機體：認為社會和個人均為「有機體」（organic），皆會隨時間成長而變化。在發展的同時，其內部結構與功能也會隨之重組。

2. 次系統：每個有機體都有「次系統」（subsystem），彼此之間相互依存，其中若某個有機體發生改變，就會發生連鎖效應。

3. 穩定秩序：假定社會是有秩序的，不同社會結構的形成與結合需要達到穩定，以維持社會秩序的平衡。

4. 實踐行為：由於社會制度是用來滿足生理需求，而實踐行為就成為維護總體社會制度穩定的條件，且各社會實踐行為彼此間需要互相支援，並減少衝突。

5. 功能型態

(1) 正面與負面功能：即任何事物都有正面與負面功能。

(2) 顯性與隱性功能：學校教育的顯性功能在於傳遞當代的主流文化，隱性功能則在於促進階層的流動。

(3) 功能的選擇性：每一事物既然具有多種功能，則必須從其中挑選最適合的。

（二）Parsons 功能理論的次執行系統

Parsons 的功能論，是以次執行系統構成整體的執行系統。這些次執行系統以文化為最頂端，以有機體為最底端，具有層級性，各系統緊密結合。分別為：

1. 文化
2. 社會
3. 人格
4. 有機體

（三）Parsons 結構功能理論的內涵

Parsons 是行政學中功能論（functionalism）的代表人物之一，主張組織的結構（structure）和功能（function）是不可分開的。

（四）社會系統的功能

Parsons 強調，組織的結構與其功能有決定性的關係。他主張，任何一個社會系統均必須具備以下四個功能，此即為 Parsons 所主張的「AGIL 模式」：

1. 適應功能（adaptation）：社會系統必須視環境之需求，而試圖獲取足夠資源。

2. 達成目標功能（goal attainment）：社會系統必須設定並達成其既定目標。

3. 整合功能（integration）：社會系統必須在其各次系統（sub-unit）之間發展合作關係，以維持組織的團結。

4. 潛在功能（latency）：社會系統必須創造、保存、傳遞其特有的文化及價值觀，以使其模式能夠維持。

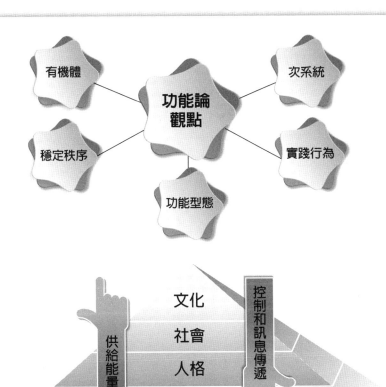

Parsons的四個次執行系統

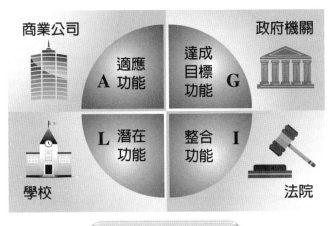

Parsons的AGIL模式

Unit 4-4
結構功能理論（II）

二、結構功能理論的四種基本決定

（一）四種基本決定

Parsons 指出，在前述 AGIL 四項功能中，依其組織的不同特性，必須要作四種基本決定：

1. 分配決定（allocation decisions）：如何分配責任與資源給相關員工的決定。

2. 政策決定（policy decisions）：如何設定目標與達成的決定。

3. 協調決定（coordinative decisions）：如何激勵員工與整合其貢獻的決定。

4. 支持價值決定（supporting values decisions）：如何設定組織價值觀的決定（價值觀會使其行政運作合法化與權威化）。

（二）組織功能所屬決定的實例

1. 強調適應功能的商業公司，屬於「分配」決定。

2. 強調達成目標功能的政府機關，屬於「政策」決定。

3. 強調整合功能的法院，屬於「協調」決定。

4. 強調潛在功能的學校，屬於「支持價值」決定。

（三）組織的結構

除了以功能來橫切面區分組織之外，Parsons 也依其「所在位置」，將組織結構分為三部分：

1. 技術系統：居組織結構最下層，為組織「生產」的主要部分。例如：工廠中的生產線或到教室上課的教師。

2. 經理系統：居組織中層，功能為協調生產與上級單位之關係，並處理一般行政事務。例如：工廠中的科長或副理等居中管理者；或學校的教務處，必須協調教師之課程與處理考試事宜。

3. 機構系統：居組織最上層，功能在與所處之社會有所聯繫，以決定系統運作的意義與合法性。例如：工廠中的董事長及總經理等頂層人員；或校長為設立特別才藝班，必須與教育主管機關、社區、乃至家長會聯繫，如此，其設立目的與合法性才能明確。

三、Parsons 結構功能理論的優缺點

（一）Parsons 理論的優點

1. 提出較完整的看法：對於社會系統的性質與運作，提出一套較完整的看法，在檢視社會系統功能及結構之關係上，頗有貢獻。

2. 較適用於一般組織：其理念可應用於大小不等、正式或非正式的組織之中，較人際關係理論更進一步。

3. 影響現代結構功能論：由相互關聯的部分組成系統概念，對現代結構功能論具有影響。

（二）Parsons 理論的缺點

1. 實證研究困難：Parsons 的理論野心太大，變得極為複雜而聱牙難懂，以之作實證研究極為困難。

2. 簡化社會系統：社會系統的特性，絕非以其功能即能一筆帶過的。

3. 模式過於理想：結構功能理論只強調社會整合的重要性，卻忽視了社會中較為負面的衝突性或對立性，不能合理地解釋社會變遷過程中的所有社會現象。

Parsons的AGIL模式功能套用在基本決定的組織類型

組織範例	組織特性	組織功能	基本決定的傾向
商業公司	經濟生產導向的組織	適應 （Adaptation）	分配
政府各級機關	達成政治目標導向的組織	達成目標 （Goal attainment）	政策
法院	整合各方意見與特殊利益為導向的組織	整合 （Integration）	協調
教育組織（學校）	保存或傳遞特有文化與價值觀為導向的組織	潛在 （Latency）	支持價值

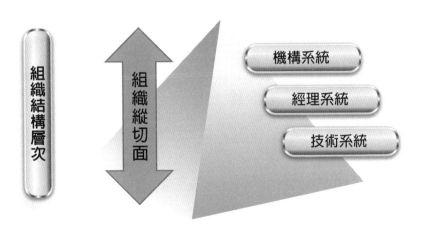

組織結構層次

組織縱切面

機構系統

經理系統

技術系統

結構功能理論的優缺點

優點
· 提出較完整看法
· 較適用一般組織
· 影響現代結構功能論

缺點
· 實證研究困難
· 簡化社會系統
· 模式過於理想

Unit 4-5
社會科技系統理論

一、Leavitt 的社會科技系統理論

(一)社會科技系統理論

Leavitt（1964）提出社會科技系統理論（socio-technical system theory），將社會系統分為四個子系統：

1. 任務（task）
2. 結構（structure）
3. 科技（technology）
4. 人員（people）

Leavitt 認為，一個組織之所以會存在，其目的是要完成某些「任務」，為了完成這些任務，組織就必須發展特定的「結構」來配合，而結構則必須要由「科技資源」（technological resources）來輔助領導者及其部屬（「人員」）達成任務。

任務、結構、科技、人員四者，彼此之間呈現「高度相關」的關係。任一子系統的改變，都會使其他子系統變動，以適應新的情況。

Leavitt 的理論與其他類似社會系統理論，最大的不同點在於「突出科技因素」，認為其變異性大，會影響其他子系統（科技的日新月異）。在學校組織系統內，其任務、結構、甚或人員都有其穩定性。但是科技的進步卻是一日千里，更新速度快，常常給許多行業很大的衝擊，學校自然也不例外。

(二)學校應用實例

運用社會科技系統理論，一個校長首先要瞭解其所處學校的任務（升學或就業導向）、結構（中央集權制或分權制）、科技（設備與教學規劃）、人員（價值觀、年齡、教育程度）四個子系統。

二、自然系統模式對教育行政領域的影響

(一)人際關係學派對 Lewin 的影響

人際關係學派所強調的霍桑效應與組織氣候，讓 Lewin 在實驗教師領導方式時，發現民主型領導優於獨裁型領導。

(二)人際關係學派對 Griffith 的影響

1. 士氣的重視：Griffith 綜合人際關係學派的理論，認為學校行政者應該發展出特殊的人際關係技巧，以提升成員的士氣。

2. 教育行政研究的重視：Griffith 強調，教育行政是專門領域，必須結合相關社會科學，才能真正瞭解社會系統的運作。因此，教育行政不僅是行動，還需加以研究。

(三)自然系統模式對 Getzels 等人的影響

Getzels & Guba 對自然系統模式的應用最為完整，其標舉出社會系統的兩個層面必須互相配合，才能使系統運作達到平衡與和諧。

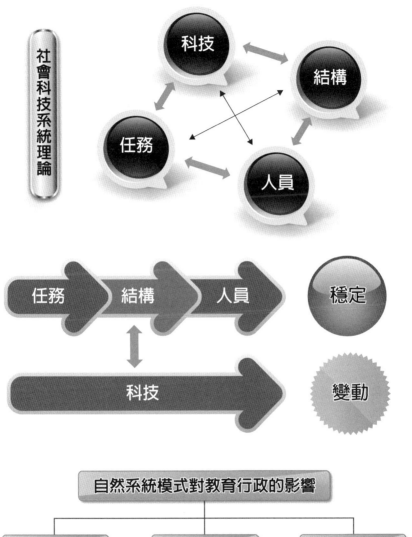

社會科技系統理論

科技　結構

任務　人員

任務 ▶ 結構 ▶ 人員　穩定

科技　變動

自然系統模式對教育行政的影響

Lewin	Griffith	Getzels
教師領導方式	士氣之相關 教育行政研究	社會系統層面

Unit 4-6
社會系統理論（I）

圖解教育行政理論

056

一、社會系統理論的定義與要素

（一）社會系統的定義

歸納學者專家的定義，社會系統就是：「團體內的一群人，為達共同目標，彼此在一段特定時間內的互相影響，並與環境調適而產生的特殊行為。」

（二）社會系統的組成要素

Loomis 認為，組成社會系統的基本要素有九種，茲分述如下：

1. 目標（objective）：成員結合的原因與目的何在？不同目標，決定其行事準則與角色扮演。

2. 信仰（belief）：成員對其社會的基本認知，每一個社會系統均有不同的信仰模式。

3. 感覺（sentiment）：成員對周遭環境與對他人的感覺，往往會影響成員的行動。

4. 規範（norms）：不論是成文或不成文，規範是系統中的遊戲規則，並充當個人與團體行動的論斷標準。

5. 身分與角色（status and role）：「身分」是成員所扮演的地（職）位名稱；「角色」是系統對不同成員身分的期望。

6. 等級（rank）：個人在社會系統中的重要性。有些人雖居高位，但卻未必具有等比級數的重要性。

7. 權力（power）：控制或影響成員的能力，其行使方式不見得只有一種，有的是多種組合並用。

8. 制裁（sanction）：控制成員行為，確定其遵照團體規範的賞罰制度。

9. 設備（facility）：係指為達到系統之目的，所使用的方法與物品。

（三）維持社會系統的手段

Loomis 認為，維持社會系統共有五種必要手段：

1. 溝通（communication）：藉由成員間的互相溝通來決定和傳達各種訊息，並在交會的過程中，形成團體處理事情的共識。

2. 社會控制（social control）：對於不遵守團隊精神與組織規範者，利用權力或制裁加以懲罰。

3. 疆界之維持（boundary maintenance）：社會系統都有既定政策，目的在保持團體的統一性與和諧性。

4. 系統間之串聯（systemic linkage）：除了要維持既有疆界外，為達成某種特定目的，系統之間也必須有串聯（結盟）行動。

5. 制度化（institutionalization）：社會系統希望長年累月經營下去時，其基本理念必須經過合法化的過程，以使其成為明顯且具效力的原則與規則。

（四）學校組織的社會系統舉隅

1. 角色扮演者：校長、行政人員、教師、學生等。

2. 特定目標：培養學生成為五育均衡的個體。

3. 特有的行為：教師必須以身作則，故行事必須謹慎。

4. 正式與非正式的社會次系統：班級與教師籃球隊，即為正式與非正式的校內社會次系統。

5. 維持一段時間：教師與學生在學校的學期或學年。

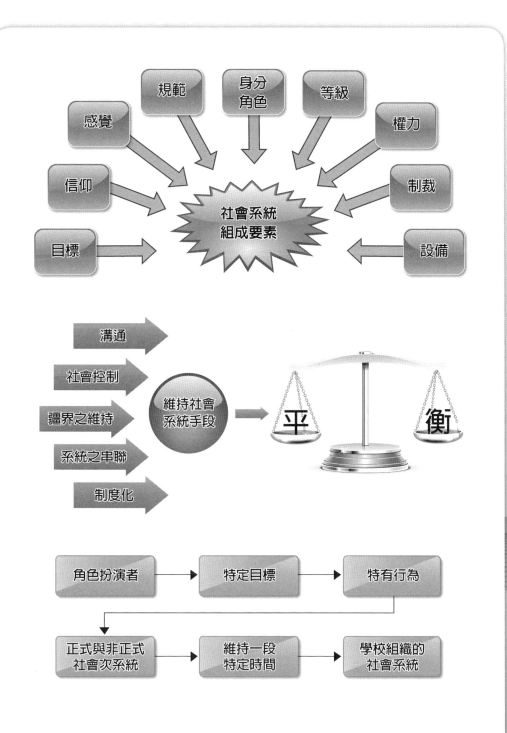

Unit 4-7
社會系統理論（II）

二、基本架構：規範層面

（一）社會系統的理論架構

根據 Getzels & Guba 對社會系統理論的架構敘述，可以分為兩個層面：

1. 規範層面（nomothetic dimension）：包括：機構、角色與期待三部分。

2. 個人層面（idiographic dimension）：包括：個人、人格與需求傾向三部分。

（一）規範層面的特性

1. 機構（institution）：機構有其既定的功能與獨立運作的方式。

2. 角色（role）

(1) 角色扮演雖由機構來制定，但具有一定彈性。

(2) 角色界定彼此之間也是互補的，一個角色的權利，也許就是另一個角色的義務。

3. 期待（expectation）：角色界定的不同，會影響組織對他（她）的期待。

三、校長的角色

（一）法規的界定

2013 年 1 月 31 日修訂之《公立高級中等以下學校校長成績考核辦法》中第五條，列出校長年終成績考核項目，可視為法規對於校長的角色期待，茲分述如下：

1. 執行教育政策及法令之績效。

2. 領導教職員改進教學之能力。

3. 辦理行政事務之效果。

4. 言行操守及對人處事之態度。

5. 其他個案應列入考慮之項目。

（二）專家的意見

美國大學教育行政研究學會（UCEA）列出校長應該完成的六項任務如下：

1. 對於社會變遷即時反應。

2. 對於學校運作過程與成品進行評鑑。

3. 執行與改善教學課程。

4. 對於學校運作，做即時與有效的決定。

5. 配合需要做組織適度的改變。

6. 培養與部屬間的良好關係與團體士氣。

（三）民間的研究

美國華勒斯基金會（The Wallace Foundation）曾贊助過關於如何成為「有效能的校長」的研究，發現當今的校長必須特別執行下列五項任務，才會是有效能的領導：

1. 塑造願景（shaping a vision）。

2. 創造宜人的教育氛圍（creating a climate hospitable to education）。

3. 培植其他領導人（cultivating leaderships in others）。

4. 精進教育（improving education）。

5. 管理人事、資料和運作進程（manage people, data and processes）。

基本上，美國與臺灣校長的任務頗為類似，但美國因為實施地方分權，所以，美國的校長對社會變遷的敏銳度，較臺灣的校長來得快。此外，美國有副校長制，或稱助理校長制，其職權幾乎涵括教訓總輔四處室主任可能執行的職權，與校長的職權幾乎相同，可被視為是晉升校長前的實習歷練。而其職權與校長唯一的不同處，在於決策權與在教育委員會的話語權。

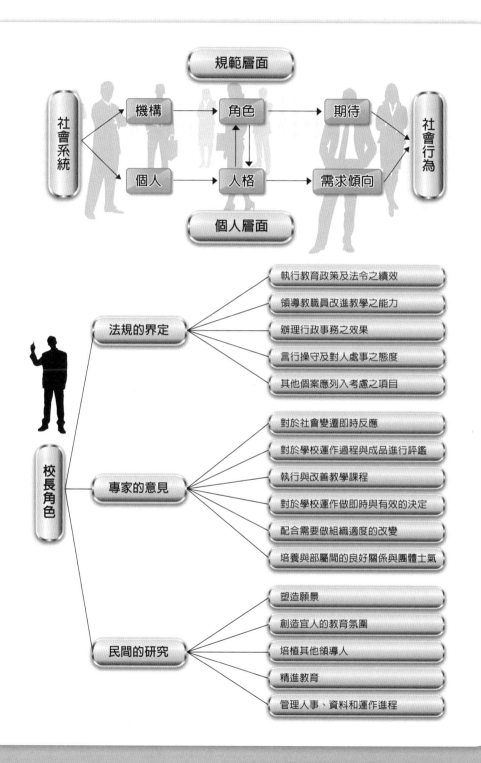

Unit **4-8**
社會系統理論（III）

060

四、基本架構：個人層面

個人層面與規範層面顯著不同的地方在於，角色的詮釋不同。在規範層面，角色是由他人客觀界定的，偏屬於社會學範疇；而在個人層面，角色是個人主觀的詮釋，偏屬於心理學範疇。以下說明社會系統的個人層面特性。

（一）個人層面的特性

1. 個人：個人對於所扮演角色的反應與行為。

2. 人格：個人獨一無二的心理特徵與行為模式。

3. 需求傾向：代表一股發自內心的動機力量，配合行動以完成對自我的期待。

（二）社會系統的外顯行為理論

根據 Getzels & Guba 理論，個人在特定社會系統中的行為，是由他所扮演的角色與人格的交互影響來決定的。其函數表示如下：

$B = f(R \times P)$

B：Behavior，在社會系統中的行為

R：Role，在機構層面中所扮演的角色

P：Personality，角色扮演者的人格

（三）對學校行政者的啟示

作為一位學校行政人員，除了要瞭解自己與同儕的角色和人格之間的關係外，更需要試圖將兩者加以整合。也就是做到 Bakke 所說的「角色人格化」（personalization of the role），以及「人格社會化」（socialization of the personality）。

以校長與教師關係為例，校長可以藉由執教班級之輪調、新教學法之引進，使平時較少參加研習或進修的教師角色能人格化；讓一些較有衝勁的教師能多發揮其專長，帶領學生參加科展或主持教學研討會，以滿足其自我實現之人格社會化。

五、相關研究

行政管理學派興盛以來，各家對個人在團體中的行為差異研究，實際上皆是傾向於規範層面或個人層面之探討。茲舉其犖犖大者，分述如下：

（一）Barnard 的效能與效率觀點

Barnard 認為，效能是以組織對個人角色期待為主，屬於規範層面；效率則是以個人在組織中的需求滿足為主，屬於個人層面。兩者消長交會，可以決定一個組織的興衰成敗。

（二）McGregor 的 XY 理論

McGregor 認為，X 理論的行政者假設員工是偷懶、不負責任的，因此需要嚴格控制與高度組織化的管理方式，偏重規範層面；Y 理論的行政者假設員工是自動自發、負責任的，因此著重員工的自我實現與自我發揮的管理方式，偏重個人層面。

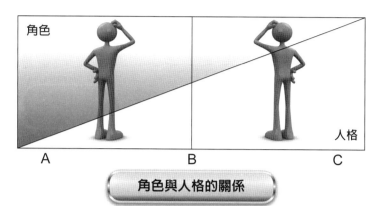

角色

人格

A　　　　　　　　　　　B　　　　　　　　　　　C

角色與人格的關係

從上圖可看出，角色與人格的比重大小對行為產生的影響。我們可以將B線視為上述的「行為」。在B線以左至A線的深色部分較多，顯示角色重於人格，機構的團體期待重於個人的需求傾向，例如：軍隊的士兵。而B線以右至C線的淺色較多，顯示人格重於角色，個人的需求傾向重於機構的團體期待，例如：藝術工作者。就社會系統理論而言，這是因為其各種不同類型的社會系統，所顯示出來不同的角色與人格比例也不同所致。

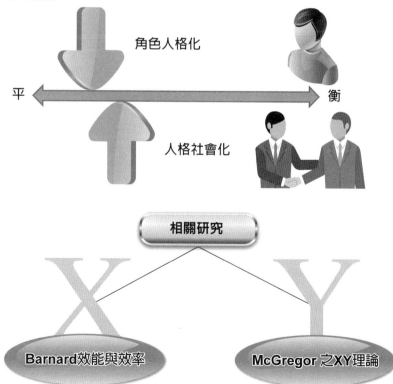

角色人格化

平 ←――――――――――→ 衡

人格社會化

相關研究

X　　　　　Y

Barnard效能與效率　　　McGregor 之XY理論

Unit **4-9**
社會系統理論（IV）

六、基本架構：文化層面

Getzels 在社會系統理論中加入文化層面模式，使得原本重視團體期待的規範層面與重視個體需求的個人層面，更為周延。

（一）文化層面的特性

1. 文化：在特定的時間與空間中，人類行為的共同形式。

2. 社會思潮：在主流文化的影響下，所產生的一種泛社會化的共同觀點。

3. 價值觀：受到文化差異與社會思潮相互激盪下，所產生對事物的觀點或看法。

（二）價值觀的類別

Getzels 將價值觀分為兩種：

1. 神聖價值觀（sacred）：在一個文化中，基本且不易改變的觀念。

2. 世俗價值觀（secular）：隨著地域、社經地位或年齡而有所不同。

（三）美國的神聖價值觀

Getzels 檢視美國文化之後，發現四種神聖價值觀：

1. 民主思想（democracy）：認為大多數人的意見即是最佳的選擇，管理權在眾人手中。

2. 個人主義（individualism）：個人是社會能量的來源，皆有自我陳述與自我實現的權利。

3. 平等（equality）：每個人都應該被給予同樣的機會去發揮其潛能與才智。

4. 人性完美論（human perfectibility）：只要發揮人類潛能，社會基本上便會朝向完美走去。

（四）中國的神聖價值觀

根據錢穆、梁漱溟等人的研究，中國固有的神聖價值觀有六種：

1. 天人合一：秉持欣賞生命、希望羽化登仙的態度。

2. 尊古敬老：古老即是好的概念，與中國人傳統禮法結合，形成尊敬傳統的觀念。

3. 家族取向：傳統中國的社會基本單位是家庭，家族是家庭的延伸，光宗耀祖成為成員努力的最終目標。

4. 權威人格：君君臣臣父父子子的角色定位鮮明，不可踰越，有賴於長輩的權威以維繫。

5. 人情取向：由於家族取向與權威人格的存在，使得「關係」成為彼此聯繫、互通聲氣的重要依據。

6. 道德第一：中國自古非常重視德育，道德標準極高，所謂三綱五常、四維八德，最終目的在於維繫君王體制。

Getzels 將神聖與世俗兩種價值觀，視為是社會系統的文化層面中，可以存乎中而形於外的重要因素。加入此層面後，在時空環境下所存在的組織內外之系統，也因此而更加周延完備。

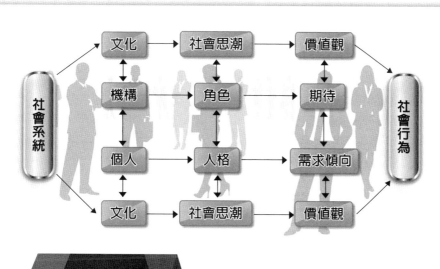

神聖價值觀

＋

世俗價值觀

→ 價值觀

美國神聖價值觀	中國神聖價值觀
民主思想	天人合一
個人主義	尊古敬老
平等	家族取向
人性完美論	權威人格
	人情取向
	道德第一

Unit 4-10
社會系統理論（Ｖ）

七、價值觀的種類與範疇

（一）神聖價值觀的定義

是一個特定文化的中心信仰或基本信念，也會在國家的立法與政治結構中呈現出來。

（二）神聖價值觀的範圍

1. 國家憲法。
2. （各種法律）立法過程。
3. （大法官會議解釋）司法決定。
4. 行政命令。
5. 政治體制。

（三）世俗價值觀的定義

世俗價值觀係指圍繞在神聖價值觀之外，會因地域、時空、年齡而產生不同詮釋的價值觀。

（四）世俗價值觀的差異

Getzels 認為，美國世俗價值觀自世界大戰至 1970 年代後，已經有很大的差異：

1. 從以往「未來取向」的先苦後樂，轉變為今日「現在取向」的及時行樂。
2. 從以往「征服自然」的人類本位，轉變為今日「愛惜資源」的環境本位。
3. 從以往「道德取向」的宗教教義，轉變為今日「相對主義」的變通行為。

（五）運作價值觀的定義

Lipham & Hoeh 將運作價值觀定義為個人在執行世俗價值時，可能因為許多因素而產生不同的觀念，進而導致不同做法的價值觀。

（六）三種價值觀的關係

基本上，神聖價值觀會影響國家的運作，繼之世俗價值觀提出多種解釋方法，個人在執行世俗價值觀時，則差異極大。

（七）價值觀對教育的影響

1. 教育的範圍日漸擴大。
2. 教學技術的改進。
3. 分權呼聲日益高漲。
4. 平等主義的要求。

（八）個人價值觀的類型與影響

個人價值觀之差異，會在組織中產生不同組織行為類型。

1.Gouldner 的分類：發現學校成員的組織行為，可分為對組織忠誠度較低的「宇宙型」與對組織忠誠度較高的「地方型」。

2.Carlson 的分類：認為地方學區教育局局長，有發展自己事業為第一要務的「生涯導向」與著重與地方感情的「地方導向」。

3.Presthus 的分類：認為個人可依其發展野心，分為努力在團體中發揮自己理想的「向上移動者」與試圖在外界尋求滿足感的「冷漠者」，以及無法認同組織價值卻依戀豐厚薪資的「愛恨交織者」。

綜觀 Getzels & Guba 的社會系統理論，其中心主張為「在特定的文化中，其形塑的社會思潮所凝聚的價值觀之下，組織行為乃是機構中的角色期待與個人自我的人格需求傾向彼此交互作用的產物」。而其中的價值觀，就是由前述的神聖價值觀、世俗價值觀，以及運作價值觀，交互作用而成。

1.憲法條文　4.行政命令
2.立法過程　5.政治體制
3.司法決定

神聖價值觀

1.未來或現在
2.征服或共存
3.教條或變通

世俗價值觀

個人不同的實踐方式

運作價值觀

教育的範圍日漸擴大　　教學技術的改進

價值觀對教育的影響

分權呼聲日益高漲　　平等主義的要求

個人價值觀的類型

Gouldner
・「宇宙型」
・「地方型」

Carlson
・「生涯導向」
・「地方導向」

Presthus
・「向上移動者」
・「冷漠者」
・「愛恨交織者」

第 5 章

開放系統模式

　　理性系統模式將研究重心放在組織內的制度與標準，基本上，屬於傳統的封閉系統觀點。自然系統模式則開始觸及人與人之間的互動，呈現出不同結構之間的關係，已稍有觸及開放系統的概念。開放系統則進一步主張組織不能遺世獨立，必須與所屬環境相互依賴與彼此影響。

　　根據開放系統理論，組織乃連結於平衡的系統網絡上，「牽一絲而動全網」即是其最傳神之描述。組織之間環環相扣，任何系統均有上層系統與下層系統，彼此相互依存，領導者必須盱衡情勢以通權達變。

Unit 5-1
一般系統理論

圖解教育行政理論

068

一、一般系統理論的主張

一般系統理論（general system theory）主要由 Bertalanffy 所提出。Bertalanffy 是一位生物學家，嘗試從最簡單的有機體到最複雜的組織中，尋求其運作的基本法則，因此可以說他跨越了封閉系統的限制，標舉出組織內部與外部的交互作用。他所倡導的一般系統理論，主要的主張如下：

1. 分子（molecules）：任何的有機體，均由細胞中的分子所組成，彼此之間必須熟悉運作的規則，以和諧地融合成一個團體。

2. 相互依賴（interdependent）：社會組織是各種相互依賴的結構與功能的一種整合系統，在其中，各次級系統有如有機體的細胞，次級系統中的人則如分子，必須有接受訊息的能力，進而瞭解法規走向，以和諧地完成使命。

3. 邊界（boundary）：邊界是將系統本身與其他環境分開的一種介質。邊界在不同系統中的滲透性不同，有些系統的邊界容易滲透，其系統較為開放，自然容易與外界交互作用，因而容易形成開放系統；有些系統的邊界不易滲透，其系統較為封閉，自然也較不容易與外界交互作用，因而容易形成封閉系統。

4. 系統層級（system hierarchy）：每個系統有「上層系統」（supersystem）與「次級系統」（subsystem）的存在。「上層系統」是系統的上層組織，具有更遠大的目標；「次級系統」則是系統中的次級團體，朝系統既定目標穩定而和諧地運作。

5. 外部力量（outer force）：系統外部會輸入各種力量。家長、社區以及政治等各種利益團體，均會對學校產生一定的作用，具有舉足輕重的影響力。

二、其他相關理論

（一）Miller 的負熵效應

持封閉系統理念的人，會以「熵效應」（entropy）來說明組織的終將敗亡。而 Miller 則提出「負熵效應」（negentropy），認為系統是由外在環境吸取能源，所以不僅不會衰亡，反而會蛻變或昇華成更加複雜的系統。

（二）Buckley 的再生觀點

Buckley 提出的「生物維持」與「生物再生」兩種觀點，說明系統的功能，茲分述如下：

1. 生物維持（morphostasis）：維持系統既定形式、結構與目標的運作過程。例如：生物體的循環系統；社會組織的社會化或管控程度。

2. 生物再生（morphogenesis）：為了應付內外在的變化，系統必須藉著學習、成長與分化的手段，達成進化（evolution）的目標，即系統升級與變革的過程。例如：優勝劣敗的生物演化機制。

總之，Bertalanffy 一般系統理論的主張，似乎有過度簡化系統複雜度的問題，有學者就詬病以生物界之簡單的有機體理念，是否能推論至複雜的人類社會系統，尚有待研究。雖然如此，但其對開放系統理論的影響，仍是不能忽視的。

一般系統理論

| Bertalanffy 一般系統 理論 | Miller 負熵效應 | Buckley 再生觀點 |

 教育行政小辭典

熵效應（entropy）就是按照熱力學第二定律，任何系統終會走向衰亡，不但能源逐漸耗盡，內部的結構也會因解組而崩潰。

Unit 5-2
權變理論（I）

一、權變理論的起源

開放系統中，以權變理論（contingency theory）最能充分代表其中心思想。它興起於1960至1970年代初期，是以經驗主義學派為基礎所發展的管理理論，強調具體情境與具體策略的關係。權變理論是最能代表開放系統中，對於強調外部環境的理論。

二、權變理論的定義

簡單來說，權變理論就是在不同環境、不同策略下的做法，會產生不同的結果。組織沒有「最好」的策略，只有「最適合」的策略。

三、權變理論的假設

1. 世上沒有所謂的組織最佳策略。
2. 兩個不同形式的組織方法，不會造成相同的效率。
3. 最好的組織策略，必須依環境而變動。

四、權變理論的基本主張

1. 整個組織的運作，是在「開放系統」之中。
2. 行政者必須檢視組織內的人、事、地、物，與環境的需求及限制，作出「適當」的回應，而不是預設立場。
3. 每個組織都是獨一無二的，一個策略在某組織中大有功效，但不見得適用於其他組織。
4. 不同的領導方式，應用於不同的情境中。世上無絕對的最佳策略，好壞是相對的。

五、權變理論的特性

1. 多樣性：外部環境持續不斷地在變動，具有多樣性。
2. 差異性：環境既然多樣，組織就必須建立相對應的子系統。
3. 適應性：組織依環境所設立的子系統，必須能夠適應當時的外部環境。
4. 整合性：由於組織這個子系統與社會整個大系統之間會有所落差，因此必須進行整合性的管理。

六、權變理論的類型

1. 領導型權變理論：以 Fiedler 為代表，主張「工作導向」或「關係導向」的領導方式，均需依情境之變異而斟酌採用。

2 整合型權變理論：以 Lawrence & Lorsch 為代表，主張依環境的需求，應靈活並整合理性、自然、開放三種系統模式，並從中選取最佳策略為用。

3. 結構型權變理論：Galbraith 則從「資訊流通」（information processing）的觀點，認為在極度複雜與不安定的組織中，必須藉由大量資訊的注入，以使其在運作時維持高度水準，且並非每個系統均需大量的資訊，需視其結構而定。

總之，權變理論就是「權變權變，通權才能達變」之謂。這個權指的就是「策略」，而變指的就是「環境變化」。領導人發展最適合的策略以應付外在環境的變化，即是進行權變的實踐。

權變理論的假設

沒有所謂的組織最佳策略

不同形式的組織方法不會造成相同的效率

最好的組織策略必須依環境而變動

多樣性

整合性

權變理論

差異性

適應性

權變理論類型

領導型權變理論

整合型權變理論

結構型權變理論

Unit 5-3
權變理論（II）

七、權變理論的主要理論

（一）Lawrence & Lorsch 的整合模式

1. 系統模式整合：整合理性系統、自然系統、開放系統三種系統的管理觀點，才能發展出最適合的組織經營策略。

2. 組織形式多樣：在開放的環境下，採用理性系統或自然系統的做法，運作形式也不相同。

3. 組織生態觀點：環境中各有其不同生態，凡能配合的組織即可生存，不能適應者即被淘汰。

（二）Thompson 的層次模式

1. 系統共存運作：強調理性、自然、開放三種系統，可以同存於一個組織中，不會發生排斥作用。

2. 系統層次分明：借用 Parsons 的組織層次分類，認為同一組織層次中，只能選用其中一種模式。而一個組織可以分為下列三種層次：

(1) 技術層次（technical level）：任務多侷限於「生產」，將輸入之資源，經過一定程序，轉換成有價值的輸出。

(2) 經理層次（managerial level）：任務多在「設計與監控」生產系統、採購與行銷，以及組織內人事之掌控與人力之分配。

(3) 機構層次（institutional level）：任務主要在檢視其所處環境的生態，並決定因應之道，設定組織邊界，作出組織未來走向的重大決策等。

3. 系統理想層次：Thompson 認為，技術層次採用「理性系統模式」，可使員工在無干擾下專心工作；經理層次採用「自然系統模式」以具備相當的彈性，才能應付五花八門的問題；機構層次採用「開放系統模式」以盱衡時局，作出組織未來發展策略，如此才能因應外在環境的變化。

（三）Etzioni 的結構模式

1. 衝突的存在：任何組織基於利益的獲取，其衝突在所難免。

2. 控制的手段：員工在經濟與社會利益的衝突下，會對組織產生疏離感，需要予以控制（control）。

3. 選擇的必要：組織必須在：(1) 團體利益或個人需求；(2) 權力集中或是給予自治；(3) 正式或非正式組織孰輕孰重；(4) 經理階層或員工利益之間，作出痛苦的取捨。因此，組織衝突雖可經適度行動化解，但卻不能完全消滅。

4. 模式的整合：理性與自然系統模式合用，方能將衝突產生的殺傷力減至最低。

一言以蔽之，權變理論就是整合應用理性系統、自然系統與開放系統模式之優點，使其產生組織「綜效」（synergy）。此外，權變理論最重視與開放的外在環境互動，因此，「因地制宜」也是其基本理論觀點。近年來，社會開放度增大，也使得開放系統模式之運用顯得更形重要。

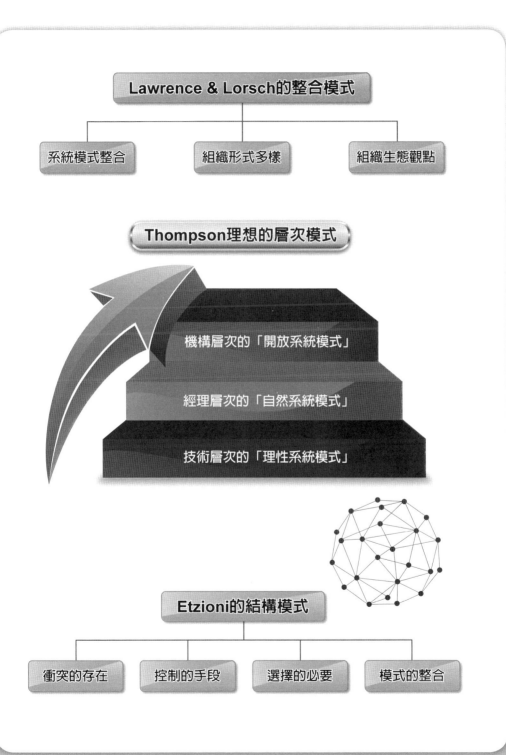

第 **6** 章

非均衡系統模式

　　非均衡系統興起於 1970 年代，主要是對牛頓古典物理學典範的反動，亦即對大型理論所塑造的規則與恆久不變的宇宙觀有所質疑，所提出的諸多反證理論。其中最引人注目者，當屬於混沌理論與複雜理論。

　　學者 Dale 使用混沌理論觀點研究全球經濟循環之後，認為整體性在東方哲學早已傳承千百年，在西方卻遲至二十世紀才出現，此即其所謂「多關心顯著現象，而那些微不足道的事情會自我解決」的理念。恰好本理念與近來新興的巨量資料，注重事物的整體性，分析其「正是如此」的概念，不謀而合。

Unit 6-1
混沌理論

一、混沌理論的起源

　　從 1980 年代中期到二十世紀末，科學家發現許多自然現象，即使可以化約為單一的數學公式，但是卻無法加以預測物體的行徑，因此迅速吸引了數學、物理學、工程學、生態學、經濟學、氣象學、情報學等各領域學者的興趣與研究。

二、混沌理論的派別

　　Griffiths, Hart & Blair 將混沌理論區分為兩大不同派別的論點：

　　1. 混沌現象為產生秩序的前兆，兩者彼此呼應，而非互相排斥。

　　2. 在混沌系統中即隱藏著秩序，兩者並無先後順序。

三、混沌理論的基本特性

　　1. 耗散結構：在此耗散結構中，存在著不同的次系統，其關係屬於非線性。基本上，它是一種「穩定→崩潰→重組」的更新過程。

　　2. 蝴蝶效應：對起始狀態之敏感，任何現象均含有意義，不可輕忽，所謂「巴西蝴蝶飛，德州大風吹」或「藻萍之末，可以起風」。

　　3. 奇特吸引子：吸引子為軌道中的一點，能吸引系統朝其而去，其性質極為不定，有時複雜、有時卻簡單，令人難以捉摸。

　　4. 回饋機能：系統的過去歷史，決定了其進化方向，在隨機與動態之中，系統中各吸引子導致成果產出，產出的成果回饋至系統而成為新的輸入，並因此產生波動而激發出下一波的新結構。

四、混沌理論的價值

　　1. 混沌理論彰顯出了細微與隨機事件的重要性：在傳統方法論中，細微或隨機事件常被忽略，而失去對系統走向的正確判斷；混沌理論則重視每個特殊個體在系統中所扮演的角色和影響。

　　2. 混沌理論對於現象之預測持保留態度：既然系統是非線性的，其走向極難捉摸，在預測效力上，自然大打折扣。建議轉移預測焦點至瞭解非線性結構中，造成平衡崩落的事件和其影響為何。

　　3. 混沌理論對於現象之類化也持保留態度：耗散結構中的非線性關係，造成每個系統均有其獨到之處，異質性也相當高，由於對起始狀態的敏感性，每個系統多少都有所不同。

　　4. 混沌理論主張對非線性系統僅能有限度的掌控：認為只藉幾個特定變數的操弄，就能完全控制系統是不可能的。不如重視個人與個別事件所扮演的角色，並靜觀其對系統之影響。

　　5. 混沌理論提供對社會科學模式再思考的機會：混沌理論的非線性特質，提供研究者一個新的思考方向，使得其放棄以往希望得到最佳策略的意圖，拋棄以往堅持只有固定解答的思考模式，以多元角度觀察社會現象。

　　混沌理論標舉出社學科學在面對研究系統的不確定性時，應該重新思考，以找出更適當的模式。誠如 Engelen 認為，混沌理論的重要性乃在「使社會科學家擁有一種科學基礎，去解釋系統如何在時空中進化至更高層次，與其導因於各種隨機波動所形成的極度複雜性」一般。

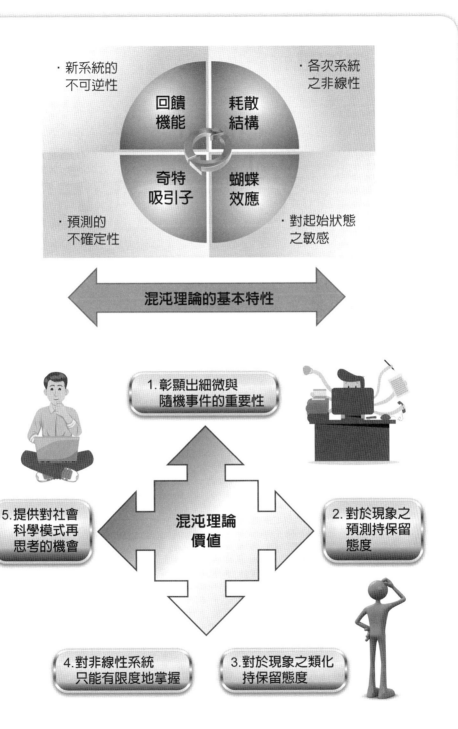

· 新系統的
不可逆性

· 各次系統
之非線性

回饋
機能

耗散
結構

奇特
吸引子

蝴蝶
效應

· 預測的
不確定性

· 對起始狀態
之敏感

混沌理論的基本特性

1. 彰顯出細微與
隨機事件的重要性

5. 提供對社會
科學模式再
思考的機會

混沌理論
價值

2. 對於現象之
預測持保留
態度

4. 對非線性系統
只能有限度地掌握

3. 對於現象之類化
持保留態度

Unit **6-2**
複雜理論

一、複雜理論的起源

　　複雜理論較混沌理論的形成時間晚，兩者相似之處在於，皆是探討組織與環境之交互作用。複雜理論是承襲混沌理論中的非線性因果關係，以及強調對未來之不可預測的觀點，所發展出的一種介於混沌與秩序之間的新興理論。

二、複雜理論的定義

　　複雜理論除了具有混沌理論的非線性與不可預測性外，尚強調適應性與創造性，是著重組織的自我調適機制、與人的互動關係的一種理論。其基於對化約論的反動，而成為一種泛科學或後設科學。簡單地說，複雜學就是「兩人成伴，三人成眾」的一種「系統連結學」。

三、複雜理論的假設

　　1. 所有組織皆來自於非線性回饋迴路網與其內部成員和外部環境連結。
　　2. 非線性系統游移於穩定與不穩定的系統間，達成動態的平衡，即混沌邊緣。
　　3. 成功演化的組織雖然有其不明確性，但其實是亂中有序。
　　4. 組織演化的策略，其實是一種在組織中相互影響的個體所產生的突現現象。
　　5. 管理者須使用類推與創意的方式，促使組織能夠成為自發性的互動組織。

四、複雜理論的特性

　　1. 適應性主體：強調主體必須能自動調節以適應外在環境，並與其他主體進行隨機之交互作用，以維繫生存與延續利益。

　　2. 相互演化：不同主體會進行適者生存、不適者淘汰的演化過程，並彼此互動與影響，藉由對方的回饋，以發展出對自身最有利的最適者機制。

　　3. 混沌邊緣：將有序（規律）和無序（混沌）融合在一起時，所產生的動態平衡點或區域，即為混沌邊緣。

　　4. 突現現象：各個適應性主體在彼此不斷調適之下，逐漸形成一種自體規律性，但各自的規律性又因為相互影響而產生意料之外的結果。

　　5. 複雜調適系統：由適應性的各個主體，藉由彼此交互作用、共同演化與產生突現現象所形成的系統。在此系統中，組成分子會依循特定規則，隨機互動。

　　6. 聚合體：複雜調適系統之最小組成單位，稱為聚合體（aggregate）。聚合體和聚合體交會合作，即成為「超聚合體」（meta-aggregate）。而超聚合體與超聚合體再發生交互作用，即成為「超超聚合體」（meta-meta- aggregate）。

五、複雜理論在教育上的應用

　　1. 全像式思考：基於 Peter Senge 的「系統思考」理念，領導者在面對複雜系統時，須具「見樹亦見林」的全像式思考，進以觀照全局，退以檢視自我。

　　2. 矛盾管理：複雜理論蘊藏有序與無序，這時，領導者就必須找到混沌邊緣，以客觀的第三者角色尋找其平衡點的管理方式，此即矛盾管理。

　　3. 分布式領導：為謀求混沌與秩序之平衡，領導者須捨棄傳統由上而下之形式，轉與組織成員合作，共享治理權。

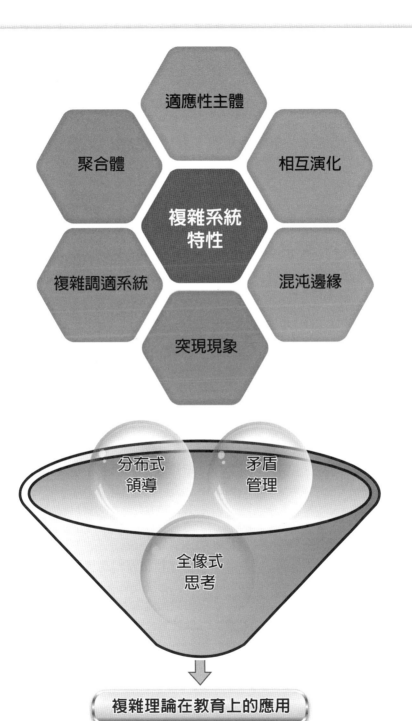

Unit **6-3**
巨量資料

一、巨量資料的起源

巨量資料（big data，一稱大數據）可說是繼「數位革命」之後，最新的「資訊革命」。起因在於電腦從半世紀前至現在，已經累積了一定程度的資料，現今世界上的資訊量龐大到難以想像，資訊成長速度更是一日千里。因此，資訊規模的量變遂導致質變。過去認為資料是靜態的、靜止的，一旦完成原本搜尋的目的，便不再有用處；如今則認為資料是一種新的原料與資源，可以創造出新型態的價值。從混沌與複雜理論發展至今，強調無序背後之秩序的非均衡系統模式，進入到或可暫稱作未來模式的「後設分析」系統模式。

二、巨量資料的定義

目前巨量資料還未有明確的定義，但基本上，可以初步定義為：具有相當規模的資料量所能進行的資訊擷取與交叉分析，用來察覺或預測雜亂現象背後的相關性，獲取其價值。

三、巨量資料的特性

嘉納集團分析師 Laney 首先提出巨量性、迅捷性與多樣性三個面向，之後，其他商業組織又加入其他特性如下：

1. 巨量性（volume）：資料的數量必須達到相當的程度，也就是說，資料並不是以抽樣的方式進行分析，而是「樣本等於母群」。

2. 迅捷性（velocity）：資料的變化很快，每日的資料流量與速度均以數以千計的倍數成長，處理速度亦需增快。

3. 多樣性（variety）：資料在各領域所呈現出的種類，讓資料不僅巨量且內容多樣化。

4. 真實性（veracity）：隨著巨量資料的變化飛快，其內容的品質（真偽）自然可能頗有差異，因此，資料來源的真實性，往往影響資料分析的精確性。

5. 變異性（variability）：影響分析者在處理資料時的效率和效能。

6. 複雜性（complexity）：複雜性來自於雜亂性（messy），原因在於巨量資料的來源如果多樣，則必須先將各來源的資料統一化，亦即所謂資料化（非數位化）的過程，藉以擷取其中有效的資訊。

四、與巨量資料相關的三種組織類型

1. 資料擁有者：此指擁有資料、或至少能夠存取資料的公司。

2. 資料專家：此指擁有實際分析資料的技術，諸如顧問、技術或分析提供者。

3. 資料思維者：此指領導人和員工具有巨量資料思維的獨特理念，能想到挖掘資料的新價值。

五、巨量資料為教育帶來的改變

1. 雙向回饋：從以往單一方向的回饋（教師到學生和家長），轉變成雙向（學生和家長亦可回饋給教師）。

2. 大量資料：我們能夠蒐集到過去無法蒐集、或是成本過高的資料。

3. 學習個人化：將學習個人化，針對自我而非群體的需求來進行調整。

4. 可能性預測：使用者能夠應用可能性預測，調整出最好的學習內容、學習時機和學習方式。

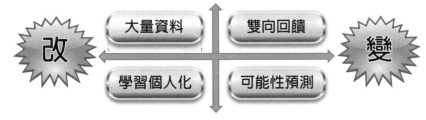

第 7 章

教育組織、文化與氣候

　　組織乃是由人員組成，爲達成特定目標，使用各種科技並與環境互動的社會結構。概括而言，可分爲正式與非正式組織。正式組織係依據制度所建立的，非正式組織則依附於正式組織之下，其中成員爲了共同理念、行爲或利益而結合，並無任何強迫規定。

　　然而，不論是正式或非正式組織，終究無法脫離文化的影響。組織文化是成員基本理念所形塑的價值觀與行事的準則，無時無刻不在引導組織的運作。在組織文化的影響下，成員對組織文化的知覺即形成組織氣候。其與組織文化相較，較爲明顯而可測量，成爲研究組織文化的重要參考依據。

Unit 7-1
組織的研究層次與類型

一、組織的定義

組織是「一種由個人組成,並能完成特定目標的社會結構」,其功能極具「多樣性」。舉凡「教化」(學校)、「財貨的分配與製造」(工業與商業公司)、「傳播」(各種媒體)、「金融服務」(銀行)與「娛樂」(表演團體)等,均屬於特定之組織。

二、組織研究的層次

學者 Scott 歸納歷來組織研究的重點,並將其分為三類如下:

1. 社會心理層次:研究重點在於關心成員行為與組織之間的「交會關係」。

2. 結構層次:研究重點在於各「次級結構」之建立與設計對組織的影響。

3. 生態層次:研究重點在於將組織視為一個「有機體」,觀察其與環境之間的關係。

三、組織的類型

組織的分類方式繁多,但談及組織,幾乎皆以「正式組織」為主,而鮮少論及「非正式組織」。主要分類方式如下:

1. 依「正式化與否」分類:可分為「正式組織」與「非正式組織」。

2. 依「實際執行」分類:可分為「開放型組織」與「封閉型組織」。

3. 依「基本功能」分類:可分為「生產型組織」、「管理型組織」、「維持型組織」與「適應型組織」。

4. 依「主要受惠者」分類:可分為「互惠型組織」、「商業型組織」、「公利型組織」與「服務型組織」。

5. 依「階層化程度」分類:可分為「扁平型組織」與「垂直型組織」。

6. 依「集權化程度」分類:可分為「集權型組織」與「分權型組織」。

7. 依「真實化程度」分類:可分為「真實型組織」與「虛擬型組織」。

四、學校行政組織的運作原則

1. 學校行政組織適度科層化:學校行政組織重視效率與效能,因此應該善用科層體制的優點來促進效率與效能的提升。

2. 依據複雜理論來設計制宜的組織結構:學校行政組織應該順應人、事、時、地、物的潮流發展,以設計出因應人、事、時、地、物制宜的組織結構,達到當下的動態平衡。

3. 重視鬆散結合系統的必要性:學校行政雖然需要科層化以追求效率與效能,但不能否認個人仍有其主體性,有追求個人最大利益為依歸的特性,因此與學校成員共享願景、價值、信念等,使其成為共同努力的方向也有其必要。

4. 實施學校本位管理,凝聚教學圈:學校本位管理強調給予學校更多權責,以利其發展,讓學校有更大的自主決定權。惟領導者亦需注意與外在環境互動,凝聚該學區教學圈,以利各校在校本管理原則下,仍能進行互動協助。

5. 強調學校不同組織文化的整合:學校屬於教師的專業文化與屬於行政人員的科層文化需加以整合,才有利於專業發展。

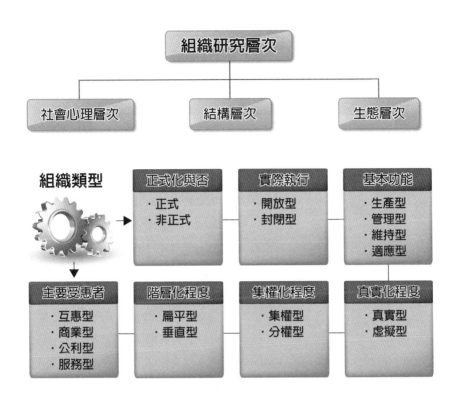

085

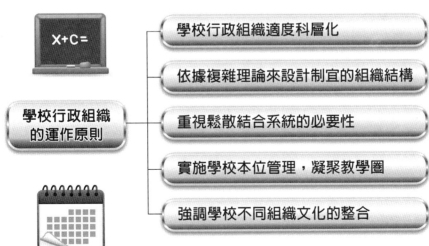

Unit **7-2**
組織的組成要素與特性

一、組織的組成要素

組織主要由五種要素所組成，茲說明如下：

（一）社會結構

組織中規範成員之間關係的模式與規律。其中存在著兩種層面：一種是「規範結構」層面，反映出組織應該做的方向。以教育組織為例，學校中幾無例外地有其既定的規範與規則，也就是成文的相關法令或不成文的前例規則，其作用即在界定各成員（教職員工生）之間的關係。另一種是「行為結構」層面，代表組織真實的運作情況。以教育組織為例，學校中成員有其各自的需求與感覺，絕非藉由規範所能完全控制，也就是身處在學校各種教育活動中的成員，其因為各自情緒不同，而產生不同的行為反應。

（二）人員

組成組織的個體，其所扮演的角色在不同組織中極為多樣。以教育組織為例，一位學校教師，可能同時為英文科教學委員會召集人、同鄉會理事、政黨的義工、社區球隊的教練，隨著其所屬不同職位的「成員」而成為扮演不同角色的「社會演員」，以符合社會的期待。

（三）目標

成員行事的指針。組織中有「成文」目標與「不成文」目標，兩者間的關係均需重視。以教育組織為例，學校依《國民教育法》第七條規定，國民中小學課程須以學生身心健全發展為目標，此即成文的目標；而許多學校會實施能力分組教學以提高家長擇校意願，此即為不成文目標。

（四）科技

狹義來說，科技係指硬體的器械與實行之技術；廣義而言，科技則包括軟體的經營方式與策略等。以教育組織為例，雖然學校未如一般商業組織，若未引進新科技則容易被淘汰，但近年來隨著各種電腦視聽教具的發達，使教學方式產生巨大的改變，例如：以電子白板取代板書，以電腦上機考試取代紙筆測驗等。

（五）環境

極少組織能夠遺世獨立或是自給自足，其必須與所處環境互動，以維持緊密關係。以教育組織為例，學校教師多半來自各師資培育機構，任何培育政策的改變，均會影響未來教師的特質。又比如校長的甄選方式為官派或公開甄選，也會對校長在權力運作與角色扮演上有所差異，進而影響其行事作為。

二、組織的特性

組織具有四種基本特性：1. 整體性；2. 功能性；3. 複雜性；4. 循環性。

三、教育組織的特性

1. 勞力密集：班上數十位學生，各個不同，教師處理問題費時費力，鮮少有多餘時間靜下來研究發展。

2. 基層官僚：基於所負擔的任務，義務教育階段，學校不能挑選顧客，必須照單全收。家長抱怨教師不夠專業努力，教師卻認為「只付小吃攤的錢，卻要五星級的服務」，根本就不合理。

3. 鬆散結合：平時待在教室中上課，因授課內容與上課時間不同而鮮少與同事交流，影響所及，教師多處於自我的王國中，對於趨勢與政府較不關心。

4. 機構同型化：爲了趨近社會的中心價值而取得合法性，學校會透過各種模仿機制，而產生與其他組織相仿之狀況。

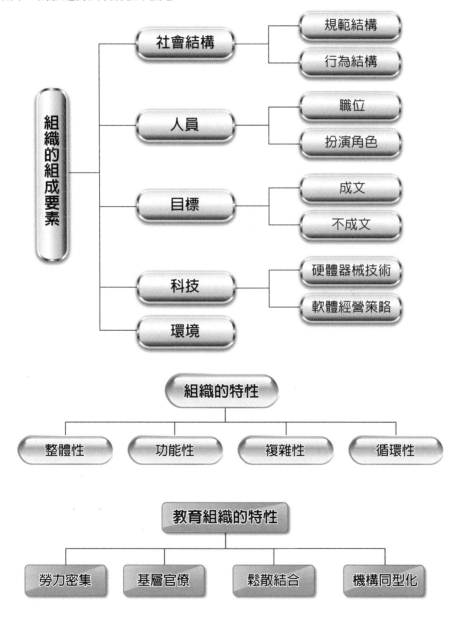

Unit **7-3**
正式組織

一、正式組織的定義

　　一般談到組織，如未明言其屬性，均屬於正式組織，是「一種由個人組成，遵循一定規則與程序，透過與環境的互動調適來完成特定目標的社會結構。」

二、正式組織的特性

　　1. 具體性的目標：正式組織的目標都是「成文」的目標，也就是明文規定在組織內的目標。

　　2. 強制性的權力：由掌權者控制權力，被操控者即使不情願，也得服從。掌權者與被操控者的關係是單向脅迫性的。

　　3. 階層式的結構：必須協調組織內的部門劃分，讓該部門的主管人員比較容易發揮其控制幅度，靈活帶領該部門。

　　4. 標準化的工作：執行組織的工作，必須依照組織中的標準作業流程，以求效率與效能。同時，建立檔案制度，使得工作得以延續下去，做到無縫接軌。

　　5. 制度化的訊息：訊息的溝通傳遞方式是有一套標準的，屬於控制型的溝通方式，也就是溝通都屬於「由上而下」的方式，部屬基本上只能聽命行事。

三、正式組織的基本要素

　　1. 合作意願：組織成員必須在達成組織最大目標與滿足自己的實用性需求中作取捨，成員愈肯配合達成組織最大目標，就可說其合作意願愈強烈。

　　2. 共同目標：組織成員均有一致性的組織目標與個別性的個人目標，如何讓個人願意為實現組織共同目標而努力，端賴前述合作意願中，偏向達成組織目標的程度。

　　3. 訊息溝通：組織成員的溝通方式，得在一定的結構與規則下進行，亦即在合乎組織規章的前提下，所有用於組織溝通的手段與行為。訊息溝通的傳遞，可能會因成員的傳達過程或方式而逐漸失去原意。

四、正式組織的優點

　　1. 依法行事，各當其責：組織能制定嚴密的規定，一切依法行事，在其職位就得負起其職位之責任。

　　2. 行事迅速，富有效率：組織必須追求成本最小化與利潤最大化，教育行政組織在行事時亦需迅速，以處理紛雜的問題。同時，在執行上能夠以最短時間解決問題，即為效率之達成。

　　3. 專業分工，具有效能：成員依考試與專業證照而任用，任職後被分派至各所屬專長的單位中，因此任職後能儘快上手，達到組織所需的效能。

　　4. 保障任期，逐年升遷：組織成員一經任用，即為專任人員，工作應受到保障，不可任意予以解職。

五、正式組織的缺點

　　1. 沉澱成本較高：在正式組織層級節制下，階層分明，無法有彈性地進行機動分組，其因為層級節制而導致沉澱成本較高，想改變較不易。

　　2. 適應變化能力較差：依法行事易過度僵化，導致個別個體的創造性無法發展，影響其適應變化的能力。

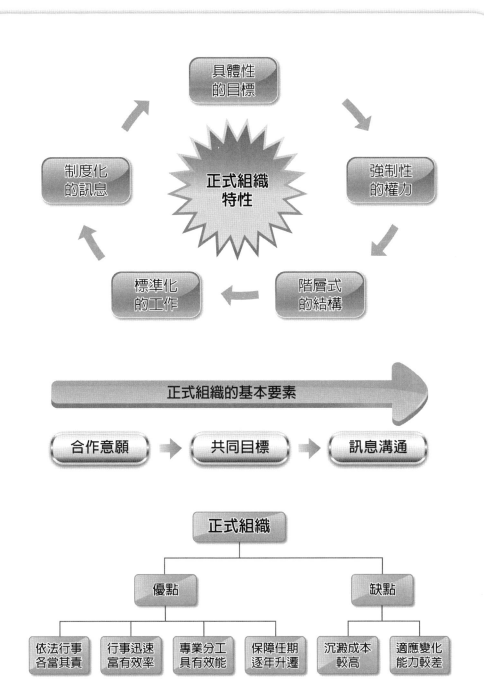

Unit **7-4**
非正式組織

圖解教育行政理論

090

一、非正式組織的定義

組織內的成員，基於相同的理念、行為或利益，自然結合而成的團體。在正式組織章程中不見其蹤影，其對所依存的正式組織決策有一定的影響力。

二、非正式組織的功能

1. 建立迅速有效的溝通：可以迅速建立網狀溝通管道，透過非正式團體成員，迅速散播正式組織中無法完成的資訊與溝通。

2. 提供成員社會歸屬感：可以提供其團體成員的地位認同，使原本在正式組織中顯得渺小不重要的成員，能夠在此獲得尊重與隸屬感的需求滿足。

3. 維護特定團體價值觀：可以維護彼此共同的基本信念、行為與價值觀，使得團體得以延續下去。

4. 具有高度彈性應變力：可以因為不受限於工作中法令規章的約束，而顯得具有較為彈性的環境應變能力。

5. 凝聚團體社會約束力：可以因為彼此特定的價值觀與信念，凝聚團體成員力量，具有其內在與外在社會控制的約束力。

三、非正式組織的類型

學者 Dalton 依照非正式組織成員的主從關係與加入之目的，將非正式團體分為五類，說明如下：

1. 縱的共生團體（vertical symbiotic cliques）：即「上級與下屬相互依賴的利益結合。」例如：校長基於某教師為地方民意代表的親戚，為求晉升而刻意對其厚愛；該教師則假借校長威勢，建立校內勢力。所以此團體又可稱為「狼狽為奸團體」。

2. 縱的寄生團體（vertical parasitic cliques）：即「一方只享權力而不盡義務。」例如：私校讓家族成員擔任要職，不斷從團體中吸血，卻多不思回報。所以此團體又可稱為「狐假虎威團體」。

3. 橫的防守團體（horizontal defensive cliques）：即「組成分子皆來自職位相若的各個部門，彼此之間並不具有從屬關係，但受到外來威脅則必定群策群力以抗外侮。」例如：校長對教師措施不當，教師組成自救團體加以對抗。多為應付臨時危機所組成，所以此團體又可稱為「因應危機團體」。

4. 橫的進攻團體（horizontal aggressive cliques）：即「成員為一定訴求與改革制定計畫，以各種方法企圖達到目的。」例如：教師人權促進會，不但抨擊當政者危害其權益的行政作為，更結合外來勢力走上街頭抗議。所以此團體又可稱為「一致對外團體」。

5. 混合團體（mixed cliques）：即「任何部門或單位之成員所組成的團體。」例如：教職員球隊、教師聯誼會等，上至校長、下至教師職員均可參加。所以此團體又可稱為「志同道合團體」。

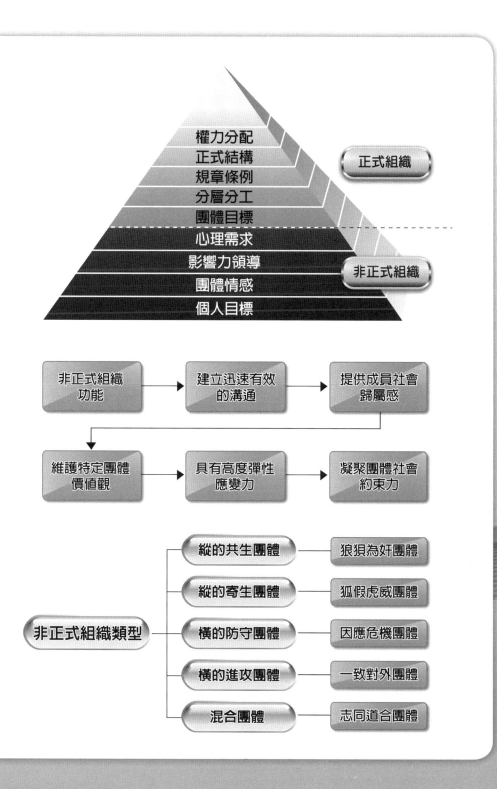

權力分配
正式結構
規章條例
分層分工
團體目標

正式組織

心理需求
影響力領導
團體情感
個人目標

非正式組織

| 非正式組織功能 | → | 建立迅速有效的溝通 | → | 提供成員社會歸屬感 |

| 維護特定團體價值觀 | → | 具有高度彈性應變力 | → | 凝聚團體社會約束力 |

非正式組織類型

縱的共生團體 ── 狼狽為奸團體
縱的寄生團體 ── 狐假虎威團體
橫的防守團體 ── 因應危機團體
橫的進攻團體 ── 一致對外團體
混合團體 ── 志同道合團體

Unit **7-5**
組織文化（I）

圖解教育行政理論

092

一、組織文化的定義

　　組織文化乃是成員共同之意識型態、信仰、期望與價值觀，結合之後所形塑而成的常模，是正式與非正式組織交會後的特殊產物。組織文化往往只可意會而難以言傳。

二、組織文化的特性

　　1.意識性：組織文化是一種抽象、群體內的意識現象，是一種意念性的行為取向和精神觀念。即「在這裡，我們就是這樣處理事情」的知覺意識。

　　2.獨特性：每個組織會有不同的傳統與環境因素交互作用，並與成員的特質互相激盪，產生與眾不同的獨特性文化。

　　3.系統性：組織是由信念、價值觀，以及行為與器物所組成的一個有系統的實體，因此其文化亦具有系統性。

　　4.共有性：組織文化由過往的傳承與當下的團體成員互相激盪所創造出來的成果，成員會共同分享、持有與遵循其文化。

　　5.動態性：組織文化必須適應組織內在與外在環境的變化，不斷地進行改變調整，以達成動態平衡的狀態。

　　6.持續性：組織文化是經過成員長時間不斷地塑造、同化與調適的結果，因此具有持續性。

三、組織文化的功能

　　組織文化如同兩面刃，具有正功能，也同時產生對應之負功能。分述如下：

（一）組織文化的正功能

　　1.引導價值：組織文化具有引導成員行為，以達成組織目標所必須之特定價值觀。

　　2.規範約束：組織文化對每個組織員工的心理與行為，具有不同程度之規範作用。

　　3.促進穩定：組織文化具有凝聚團隊合作意識與激發成員認可的功能，能促進組織的穩定性。

　　4.促成認同：成員長時間在組織中，不知不覺受到影響而形成一些共有特質，產生對彼此的認同感與奉獻意願。

　　5.提升績效：組織文化正向功能若能充分發揮，即可達成綜效，進而提升組織績效。

（二）組織文化的負功能

　　1.造成內部衝突：組織文化可能存在不同的內部次級文化，彼此會因為觀念與價值觀不同而衝突。

　　2.阻撓變革創新：組織內部衝突無法解決，勢必進一步影響變革與創新步調。

　　3.導致決策過程過於單一：組織文化係指組織的主流文化，此種文化會具有正向功能，但也可能因太過強勢而導致決策過程不夠多元的現象產生。

　　4.阻礙成員活力：成員進入組織後，常常會受到組織文化影響而受限於基本信念與價值觀，失去個體獨特的活力與彈性。

　　5.妨礙組織合作：不同組織間如果差異性過大，便不容易合作且會破壞原有的關係。

意識性

持續性

獨特性

組織文化
特性

動態性

系統性

共有性

組織文化功能

正功能

1. 引導價值
2. 規範約束
3. 促進穩定
4. 促成認同
5. 提升績效

負功能

1. 造成內部衝突
2. 阻撓變革創新
3. 導致決策單一
4. 阻礙成員活力
5. 妨礙組織合作

Unit 7-6
組織文化（II）

四、組織文化的相關理論

（一）組織文化三層論

Schein 採用功能主義者的觀點，將組織分為三個層級：

1. 人工製品層級：此層級較易觀察與測量，當個人進入一個新文化中，所能夠處理組織中可觀察、感覺和聽聞等組織屬性。

2. 信奉價值層級：此層級能處理信奉的目標、理想、規範、標準，以及道德原則，通常是經由調查問卷來測量。

3. 基本假定層級：此層級處理當內部人士被問到對組織文化的價值觀時，其仍無法解釋的現象。可藉由細心觀察成員行為來蒐集他們視為理所當然或無法分辨的資訊，亦即必須觀察其他層級來判定。

（二）競值架構面向

Cameron & Quinn 將競值架構中，原本以兩條座標軸所定義的組織文化，命名如下：

1. 黨派文化（clan culture）：強調彈性結構和維持內部焦點。內部團結、參與、個人滿足、士氣，以及團隊合作，是一個對人力資源的珍視勝過財務目標的組織，去集中化和不重視規則為公司特徵。

2. 變形蟲文化（adhocracy culture）：聚焦於彈性和外部定位。成長、資源獲取、創造力以及適應性是重要的觀點，藉由外部實體來評鑑。公司的長期目標是對於實驗和創新的承諾。

3. 科層文化（hierarchy culture）：強調穩定性和內部焦點，也就是重視法令規則。透過正式化結構、規則和過程，來達成穩定經營和組織效率。可信賴的交貨、低成本和時間安排為公司長期的目標。

4. 市場文化（market culture）：強調穩定性和控制，聚焦於外部競爭和生產力。與外部機構的交易和聯繫被認為是競爭優勢。集中化和訓練是公司長期目標。

（三）交流互動面向

Wallach 認為無所謂好的或壞的組織文化，只要是有效能的文化，亦即側重組織的使命、目的與策略，都是好的。其將組織文化分為三種：

1. 官僚型文化（bureaucratic culture）：屬於科層和分層的，責任和權力有明顯的界線，工作是已分配好且系統化的。

2. 創新型文化（innovative culture）：屬於刺激和動態的，具有創意、挑戰和風險的工作環境。

3. 支持型文化（supportive culture）：屬於溫暖和自動執行的工作環境。人們友善、公平且樂於彼此互助。

五、組織文化影響組織行為之舉例

以前述 Schein 的組織文化三層級與所影響產生之組織行為舉例：

1. 基本假定：人生無奈，功名轉眼即過，何必在意。

2. 價值觀：不做不錯，多做多錯。

3. 常模與規則：改革無管道，大家一起混日子。

4. 外顯行為：無所作為，凡事表面工夫做到即可。

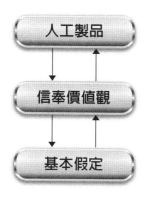

可見的組織結構和過程
（難以解讀）

策略、目標、哲學觀
（信奉的理由）

無意識的、理所當然的信念、
覺知、想法和感覺
（價值觀和行動的最終來源）

組織文化三層論

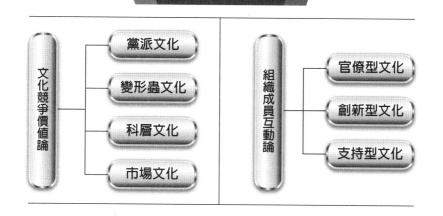

Unit **7-7**
學校組織文化

一、學校組織文化的源起

　　教育領域開始研究組織文化，遲至1980年代才有較系統的產出。部分學者認為學校也是一種組織，常以「學校組織文化」來取代「學校文化」一詞。

二、學校組織文化的定義

　　學校組織中，成員在歷經時間、空間，以及彼此的交互影響後，所形塑一種共同的基本信念與價值觀，並透過校園內各項器物、儀式，以及成員處事態度與行事作風等方式，顯現與其他學校不同且獨一無二的特質。

三、學校組織文化的特性

　　1. 價值引導：學校是教育性的組織，有價值引導的功能，並促成社會流動。

　　2. 受養護性：與其他組織相較，學校屬於受養護性組織（多半由政府完全資助），因此缺乏競爭，顯得較為保守。

　　3. 目標抽象：教育乃百年大計，學校的目標常較為抽象且效果難以立現。

　　4. 服務取向：學校設立的基本性質在於服務，而非營利，屬於基層官僚系統之一。

　　5. 對立妥協：學校行政者、教師、學生、家長的價值觀念、行為型態、內在期望多各不相同，因此常在彼此互動中出現對立與妥協現象。

四、檢視學校組織文化的問題

　　1. 學校歷史：過往之經驗，如何傳承於今日？

　　2. 學校信念：主宰學校成員之辦學信念為何？

　　3. 學校價值觀：學校運作所呈現之最重要價值觀為何？

　　4. 學校行為模式：學校不斷再現之習慣、儀式與模式為何？

五、學校組織文化的形成因素

　　1. 精神文化：學校自立校以來，依其歷史長短，均有其辦學傳統，此傳統延伸成為學校精神，或可稱為「校風」。

　　2. 物質文化：學校的校地大小、建築設備、校園場域布置，乃至於其他物質條件，構成獨特的物質文化，或可稱為「境教」。

　　3. 制度文化：學校規章、儀式、典禮等制度，其形式多樣，可構成學校成文與不成文的規定，或可稱為「制教」。

　　4. 行政文化：學校行政人員在執行學校行政事務時，從正式到非正式管道均需兼顧，久之即形塑成為其處事方法與態度。

　　5. 教師文化：學校教師在彼此互動，並與學校各類文化互動所形成之價值觀與行事風格，稱為「身教」或「言教」。

　　6. 學生文化：學生在班級內與同儕互動，在學校裡受到師長的諄諄教誨，所表現的價值與行為。

　　7. 社區文化：學校所在地之社區，會因其地理位置與組成成員的不同，產生不同的影響力，皆深切影響學校的校風變遷，不容小覷。

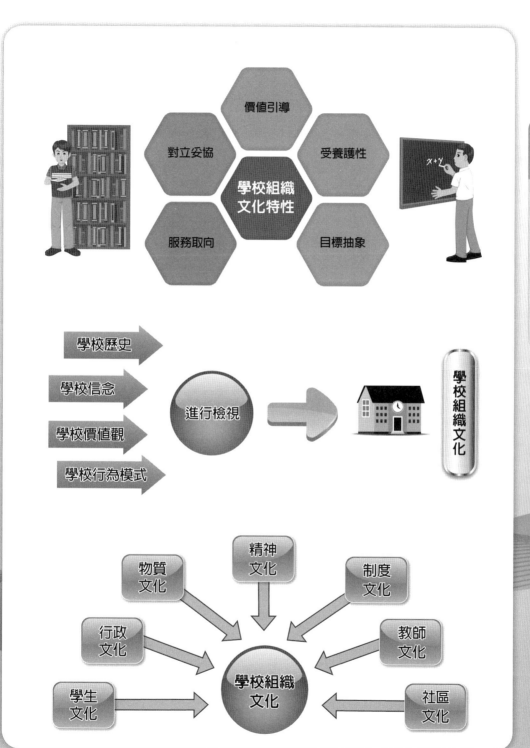

Unit **7-8**
學校組織氣候

一、組織氣候的起源

　　早在1930年代人際關係學派興起時，即已針對組織員工對公司的知覺進行研究，成為研究組織氣候的濫觴。而將學校組織氣候研究發揚光大者，首推 Halpin & Croft。其以問卷來描述不同的學校氣氛，並借用氣象學概念，將校際間不同的氣氛特徵稱之為學校組織氣候。

二、組織氣候的定義

　　組織氣候亦可稱為組織氣氛，是組織內部成員或外來人員進入組織中所感受到的一種主觀印象的知覺，其屬於組織所特有而與其他組織不同者。進一步解釋，組織氣候以內部成員而言，是對組織文化的一種知覺；對外來人員而言，是其進入組織後所感受到的主觀感覺，可能是溫暖的、忙碌的或是冷漠的等。組織氣候的特點有四，說明如下：
　　1. 彰顯整個組織的特色。
　　2. 係建立在成員共同知覺的基礎上。
　　3. 從成員的重要表現中形塑。
　　4. 會影響成員的行為與態度。

三、學校組織氣候的定義

　　學校組織氣候即學校內部成員或外部人員，在學校內所感受到學校給人的主觀印象與知覺。通常對於校內成員而言，這種感覺是持久的，所以可以形塑其組織文化；對於外部人員而言，這種感覺是短暫的，所以又可稱為組織天氣（organizational weather）。

四、組織氣候的層面

　　學者 Tagiuri 認為，形成組織氣候的層面如下：
　　1. 生態層面（ecology dimensions）：係指組織外顯與實質面的特徵，一切能夠實質計算與觸摸到的，均包括在內，也就是組織的「實質特徵」。例如：學校之大小、年齡、設備、建築物之設計，乃至於所使用的科技（電腦）。
　　2. 環境層面（milieu dimensions）：組織的社會層面，幾乎包括凡是與成員特質有關的因素，也就是組織的「成員相關特徵」。例如：教師的籍貫、薪水階層、社經地位、教育背景、工作滿意度、教學理念。
　　3. 社會系統層面（social system dimensions）：組織的行政結構，主要在探討組織內行政運作特性與過程，也就是組織的「行政運作特徵」。例如：團體決策與溝通程序、員工參與程度高低等因素。
　　4. 文化層面（culture dimensions）：組織內既定的價值觀、信仰、常模，多半來自成員相傳與自我經驗的累積，也就是組織的「基本信仰特徵」。例如：「在這裡，我們就是如此處理事情」的理念。

五、組織氣候與組織文化的比較

　　組織氣候與組織文化在內涵、時間、測量研究上，有顯著不同，說明如下：
　　1. 內涵：組織文化牽涉基本假定、信仰與價值觀；組織氣候則是個人面對文化的覺知。

2.時間：組織文化較為持久且無形；組織氣候則較為短暫且較易測量。

3.測量研究：組織文化以質性研究為主；組織氣候則偏向量化研究。

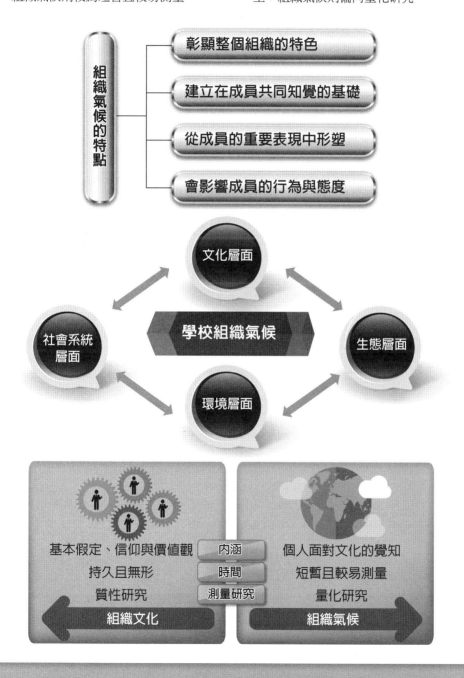

Unit 7-9
組織氣候的測量（I）

一、組織氣候描述問卷

「組織氣候描述問卷」（Organizational Climate Description Questionnaire，簡稱 OCDQ），是由 Halpin & Croft 所設計，發展出八個有關組織氣候的因素，其中四個是有關「教師行為」，四個則是有關「校長行為」。

（一）有關「教師行為」的因素

1. 疏離程度（disengagement）：教師之間彼此關係並不融洽、處理校務的觀點尚不一致的程度。

2. 騷擾（hindrance）：教師覺得常受到行政者騷擾的程度。

3. 士氣（esprit）：教師對其工作感到滿足的程度。

4. 親密感（intimacy）：教師之間的人際關係與互相信任的程度。

（二）有關「校長行為」的因素

1. 刻板（aloofness）：校長行為過分正式與沒有人情味，讓人覺得刻板而無彈性。

2. 生產掛帥（production emphasis）：校長的出發點係屬於成果導向，會嚴密監視教師，以求達到最高效率。

3. 以身作則（thrust）：校長以己身的行為來促動教師努力，雖希望高效率，卻不以緊迫盯人的方式來壓迫教師。

4. 關懷（consideration）：校長尊重教師的尊嚴，關懷其福利與權益，不會因貪功而壓迫教師做不願做的事。

二、Halpin 的組織氣候類型

1. 開放型氣候（the open climate）：呈現有活力和諧的氣氛。

2. 自主型氣候（the autonomous climate）：團體領導者給予員工較大的自主權，較不願意以命令來要求其做事。

3. 控制型氣候（the control climate）：領導者以達到最高成果為目的，忽略員工的社會需求與人格傾向。

4. 親密型氣候（the familiar climate）：團體成員彼此親密，但卻缺乏有效的管理。

5. 父權型氣候（the paternal climate）：團體領袖對大小工作事必躬親。

6. 封閉型氣候（the closed climate）：領導者不關心工作成果，也不注意員工的滿足感，疏離感極大。

三、小學組織氣候描述問卷

由 Hoy & Clover 修訂 OCDQ，而成為「小學組織氣候描述問卷」（OCDQ-RE），共分為六個分測驗，分別代表六層面行為，說明如下：

（一）校長行為

1.支持行為；2.指示行為；3.控制行為。

（二）教師行為

1.同僚行為；2.親密行為；3.疏離行為。

四、中學組織氣候描述問卷

由 Kottkamp, Mulhern, & Hoy 等人修訂「中學組織氣候描述問卷」（OCDQ-RS），共分五個層面，說明如下：

（一）校長行為

1. 支持；2. 指示。

（二）教師行為

1. 投入；2. 受挫；3. 親密。

組織氣候描述問卷（OCDQ）

組織氣候因素	組織氣候類型					
	開 放	自 主	控 制	親 密	父 權	封 閉
疏 離 程 度	低	低	低	高	高	高
騷　　　擾	低	低	高	低	低	高
士　　　氣	高	高	高	中等	低	低
親　密　感	中等	高	低	高	低	中等
刻　　　板	低	高	高	低	低	高
生 產 掛 帥	低	低	高	低	高	高
以 身 作 則	高	中等	中等	中等	中等	低
關　　　懷	高	中等	低	高	高	低

小學組織氣候描述問卷

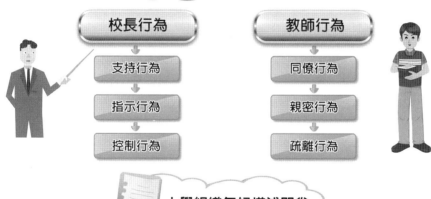

校長行為	教師行為
支持行為	同僚行為
指示行為	親密行為
控制行為	疏離行為

中學組織氣候描述問卷

校長行為	教師行為
支持	投入
指示	受挫
	親密

Unit **7-10**
組織氣候的測量（Ⅱ）

圖解教育行政理論

102

五、學校組織健康問卷

Miles 以檢測組織健康與否，作爲研究學校組織氣候走向的方式。其後經 Hoy, Tarter, & Kottkamp 等人研究發展成「組織健康量表」（Organizational Health Inventory，簡稱OHI），經過因素分析後，得到七個面向，分別來自社會系統運作三個層級，說明如下：

（一）制度層級

機構自主性（institution）：學校能維繫其學校教育運作與因應外在環境壓力的能力。

（二）管理層級

1. 校長影響力（principal influence）：校長能夠影響上級的方式。

2. 關懷（consideration）：校長能夠展現友善、開放，以及願意助人的特質。

3. 倡導結構（initiating structure）：校長的行爲兼具工作與成就導向。

4. 資源支持（resource support）：學校行政對班級的支援充足，教學資源易取得。

（三）技術層級

1. 工作士氣（morale）：教師之間彼此友善、開放、熱忱及信任之共同感受。

2. 著重學業成就（academic emphasis）：學校追求學生有卓越的學業表現的程度。

六、管理學生心態問卷

管理學生問卷（Pupil-Control Ideology，簡稱 PCI）是由 Willower, Eidell, & Hoy 發展而成，設計本問卷起因即在於管理方式的不同，意味著對學生看法的差異，並因之影響到組織氣候。PCI 的研究結果，將學校分成兩種，說明如下：

1. 監護型（custodial school）：特徵是嚴厲且高度統治的校規，以學生完全絕對服從爲目的。

2. 人本型（humanistic school）：要求學生在合作與經驗中學習，以自我約束代替嚴苛的教條。

七、其他相關研究

Hoy & Miskel 提出「學生疏離感」（student alienation），作爲評鑑學校組織氣候的指標。學生疏離感共有五個層面，係由 Seeman 提出，茲分述如下：

1. 無力感（powerlessness）：無力控制自我的行動與動向。

2. 無意義感（meaninglessness）：對未來前途悲觀，認爲現今努力多爲徒勞無功，對未來完全沒有幫助。

3. 無規範感（normlessness）：認爲合法的行爲不能解決問題，反而需要依靠許多社會所不允許的手段。

4. 隔離感（isolation）：雖處於人群中，但不被信任，也無眞心朋友，感到與世隔離。

5. 自我流放感（self-estrangement）：對團體不滿意而急於離開，試圖割斷彼此之間的情感。

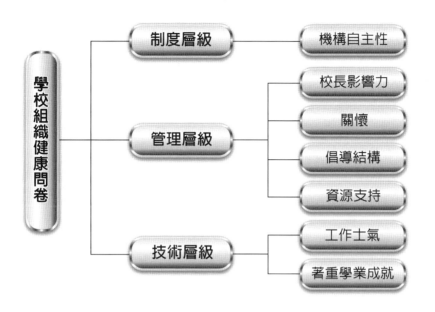

第 **8** 章

教育權力、政治與衝突

　　只要有組織存在，權力的運作即在所難免，教育組織當然亦不例外。學校行政成員、教師與學生之間的關係，均具有權力運作的色彩。組織權力可能在正式與非正式管道中進行運作，而產生之動態過程即形成學校組織政治行為。

　　由於權力的操弄，往往在不對等的狀態下，因此衝突之產生即無可避免。衝突大致可以分為組織的衝突與個人角色的衝突，不論是組織衝突或角色衝突，領導者都必須小心處理，使其負面效果降至最低，以維護組織的健全。

Unit 8-1
組織權力

106

一、組織權力的定義

組織權力係指「存在於組織中,可以影響他人行為的潛在力量。」

二、組織權力的特性

1. 必須是相關的:權力必須有上下從屬或彼此利害關係才會產生。

2. 視情境而定:權力的執行,必須視所在情境的操弄者與被操弄者的關係而定。

3. 必須植基於對資源的擁有或控制:操弄者必須擁有或控制不同形式的資源,以令受操弄者接受其操弄控制。

4. 可以隱含的形式存在:不一定必須具體行使權力,有時僅僅是擁有權力的事實,即可造成影響。

5. 與職位不一定成正比:權力有其衍生性,即所謂「衍生權力」或「泛權力」,與法定權力的職權(位)不一定成正比。

三、組織權力的類型

(一) Muth 之「權力操弄」分類

依權力操弄的雙方角色與態度,可將權力型態分為三種,說明如下:

1. 強制(coercion):操弄者完全控制權力,受操弄者只能被迫服從,無法表達接受或不接受的意願。

2. 權威(authority):操弄者擁有職務所賦予的權限,被操弄者礙於規定或契約而加以配合。

3. 影響(influence):操弄者具有吸引人的魅力特質,進而影響被操弄者心甘情願接受指揮。

(二) Loomis 之「權力性質」分類

1. 酬賞權力:如員工做得有績效就加薪。

2. 強制權力:如學生作弊,依校規議處。

3. 專家權力:如我這方面懂得比較多,你要聽我的。

4. 法定權力:如法官依法判處罪犯死刑。

5. 制裁權力:如若你不聽我的,就會被孤立而無人理會你。

6. 規範權力:如個人在某領域的成就,使群眾心悅誠服而願意追隨。

7. 信仰權力:如因宗教信仰而服從某種教義,並擁戴其教派領袖。

8. 引薦權力:如我認識很多重要人物,順從我則可得到引薦而接觸權力中樞。

四、政治的權力策略

團體中的個人,經由政治利益交換或外交折衝後獲得權力,其策略分述如下:

1. 社會交換:如你這次幫我,下次換我幫你。

2. 接近組織中顯赫或重要人物:如接近上級長官跟前的「紅人」。

3. 對訊息的控制:如結交掌握所有訊息的教育局長的祕書。

4. 地位的顯示:如從教務主任手中收回重要決策權的新校長。

5. 加入社交俱樂部:如加入球隊以結交盟友的校長。

組織權力的特性

| 必須是相關的 | 視情境而定的 |
| 資源的擁有或控制 | 可以隱含的形式存在 |

與職位不一定成正比

不同強度之權力類型

權力種類 操弄過程	強　制	權　威	影　響
實施之手段	脅力	契約	勸導
他人之反應	投降	順從	接受
操弄者（A）與 被操弄者（O） 之關係	A→O	A↔O	A←O
例子	軍隊	商業公司	學校

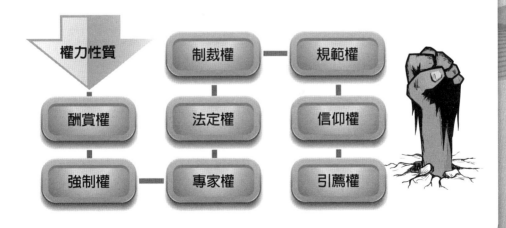

權力性質

制裁權	規範權
酬賞權	法定權	信仰權
強制權	專家權	引薦權

Unit **8-2**
組織政治行為

一、組織政治行為的定義

政治本指「管理眾人的事」，組織政治行為則指「組織內的個人或團體，為實現其個別或集體目標，以透過權力的方式影響他人的動態行為過程。」

二、政治行為的規準

學者 McShane & Glinow 曾提出政治行為的三大規準，說明如下：

1. 功利主義原則：行為是否能夠為多數人謀求最大利益。

2. 個人權利原則：行為是否讓個體蒙受合法性的權益損失。

3. 分配正義原則：行為是否兼顧到所有階級、團體權利的公平分配。

三、政治行為的種類

1. 正當與不正當行為：所進行之權力運用是否合乎實際正義。

2. 合法與不合法行為：所進行之權力運用是否合乎形式正義。

3. 顯性與隱性行為：所進行之權力運用是可見的或隱藏在檯面下的。

4. 微觀與鉅觀行為：所進行之政治行為屬於組織內或組織之間的權力互動。

四、學校政治賽局

組織成員間所產生互動的政治行為，稱作政治賽局（politics games）。Robbins 曾提出「政治賽局」的特性，茲分述如下：

1. 利用賽局規則建立位階：規則規定如何獲取權力、每個位階的權力或活動。

2. 利用賽局規則劃分活動範圍：規則必須建立可為團體所認可並接受的各類行動範圍。

3. 利用賽局規則認可活動規定：諸如協商、聯盟、威脅、妥協各活動，甚至於不合法、不正當、不正義的活動。

五、校長的政治行為

校長在學校的政治行為，亦即校長使用影響力或權力的政治運用策略。擁有權力，才能行使合法的政治行為。在學校，權力的運用技術即為政治行為技術。此前已述及，在此略述校長在行使政治行為時，應該注意以下事項：

1. 瞭解校內意識型態的交互作用。

2. 瞭解校內教育分配的影響力量。

3. 瞭解校外利益團體的訴求重點。

4. 瞭解當前國家教育的政策走向。

總之，校長在行使法職權時，必須瞭解學校內外的政治運作生態。權力與政治行為本就為一體兩面，校長在行使合法的政治行為時，對於較為灰色地帶的生態，必須捭闔縱橫，拿捏妥當，在必要時亦得要秉持妥協或交換原則，在兩害相權取其輕之下作出抉擇。實務上，「學校看起來有績效，比實際有績效，來得更重要」，此即為校長政治行為之展現。

政治行為的規準

功利主義原則　　個人權利原則　　分配正義原則

政治行為的種類

正當與
不正當行為

合法與
不合法行為

顯性與
隱性行為

微觀與
鉅觀行為

政治賽局

認可活動規定

劃分活動範圍

建立位階

校長政治行為

瞭解校內意識型態的交互作用

瞭解校內教育分配的影響力量

瞭解校外利益團體的訴求重點

瞭解當前國家教育的政策走向

Unit **8-3**
學校微觀政治

110

一、微觀政治的定義

相對於「鉅觀」的概念，微觀政治係指「將組織當作政治實體，探討其中發生的權力結構、權力運作的過程，以及權力運作結果等現象。」

二、學校微觀政治的定義

學校微觀政治將學校視為一個特定組織，探討「學校內所發生的權力結構、權力運作的過程，以及權力運作結果等政治現象。」其以微觀的觀點來分析教育組織或團體的運作情形，大致用來泛指「學校發生的政治現象」。

三、學校微觀政治的起源

1. 忽略學校組織的政治性：學校並非理性、可預測、可控制與擁有無限資源的桃花源，而是必須不斷應付不同利益團體的要求。在資源有限的狀況下，作成最大多數人利益分配的決定。

2. 鉅觀政治範圍的模糊性：鉅觀教育政治著重在教育政策立法與決定的過程，但其涵蓋面過廣且目標較模糊，無法深入探討單一與特定的組織運作（如學校）。

3. 重視組織形式的多元性：傳統對組織的理論，已從系統理論發展至複雜理論，並將更進一步進展至巨量資料世界。在動態複雜與巨量資料的影響下，組織勢必需要更彈性、更多元，以維繫其動態平衡。

4. 審視團體成員的自利性：學校事實上與其他組織一般，具有權力爭奪的事實。學校中所有的決策，均是在盱衡成員利害關係後所作成之決定。

四、學校微觀政治的特質

1. 學校情境：發生的地點在學校的生活情境中。

2. 人際互動：發生的對象在學校教職員工生與社區人士的互動關係上。

3. 利益分配：發生的原因在資源有限的狀況下，謀取最大多數人利益之分配行為。

4. 競合關係：發生的事件多半屬於成員間的合作或衝突關係。

5. 政治行為：發生的本質在於成員間彼此在權力運作過程中所產生的行為。

五、校長的微觀政治現象

1. 核心焦點：校長擁有行政上的單一法職權，任何資源分配均與校長的決策有關，因此實為學校微觀政治的核心焦點。

2. 獨一無二：校長在學校行政體系下，握有正式、法定的權威，因為必須承擔成敗責任，所以在決策的決定上有獨一無二的決定權。

3. 形式多樣：校長具有經費支配權與部分人事權，因此在權力運作形式的多樣性上，會比一般教師來得較多。

4. 下有對策：校長的領導風格，會影響校內教師採取對策以維護自身利益或非正式組織的共同利益，進而影響彼此結盟方式。

5. 影響全局：校長動見觀瞻，任何策略決定均牽涉到學校的變革發展，因此不可不慎。

學校微觀政治的起源

忽　略 學校組織 的政治性	鉅　觀 政治範圍 的模糊性	重　視 組織形式 的多元性	審　視 團體成員 的自利性

學校情境

政治行為

人際互動

學校微觀 政治的特質

競合關係

利益分配

校長的微觀政治現象

核心焦點　獨一無二　形式多樣　下有對策　影響全局

Unit 8-4
組織衝突

一、組織衝突的定義

組織衝突是「團體或成員與他方互動時，基於觀點、利益、做法等因素不相容，而形成之對立行為。」

二、組織衝突的原因

1. 表層的個人因素：年齡、性別、學歷、經歷、價值觀、宗教信仰與政治取向上的歧異。

2. 中層的團體因素：次級團體與非正式組織的利益關係、溝通形式與人際關係上的歧異。

3. 深層的機構因素：有限的資源、權力的不平衡與工作的聯營上的歧異。

三、組織衝突的類型

（一）依「衝突可見度」分類

1. 目標衝突（objective conflict）：彼此對達成目標的方法或成果的期待不一致時，即產生目標衝突。

2. 認知衝突（cognitive conflict）：彼此對事物的看法或態度不一致時，即產生認知衝突。

3. 情緒衝突（emotion conflict）：彼此在處理事情時所顯露的情緒或態度不一致時，即產生情緒衝突。

4. 行為衝突（behavior conflict）：彼此對事情所採取的行動不一致時，即產生行為衝突。

（二）依「衝突主體」分類

1. 個人對個人：如兩位教師為排課問題而大吵一架。

2. 個人對團體：如教師向外透露校內非法在夜自習時上課，引起其他教師白眼。

3. 團體對團體：如校長派與教師會派彼此互鬥。

四、教育行政人員衝突的體認

教育行政人員對於組織衝突應有以下之體認：

1. 衝突本身是不危險的，重要的是如何加以處理。

2. 由於成員與所屬環境極為複雜，衝突是自然而無可避免的。

3. 衝突之利弊並無絕對之標準。

五、教育組織產生衝突的根源

1. 學校官僚與專業團體的對立：行政者想控制教師，採用嚴厲的方法與措施，不料卻引起教師更大的反彈，產生正面的衝突或私下的抵制。

2. 角色扮演衝突：當成員加入組織時，其一方面保有特殊的人格與價值觀，同時也需依組織要求，努力達成角色期待，由於溝通不良或職位之不適合，個人角色衝突在所難免。

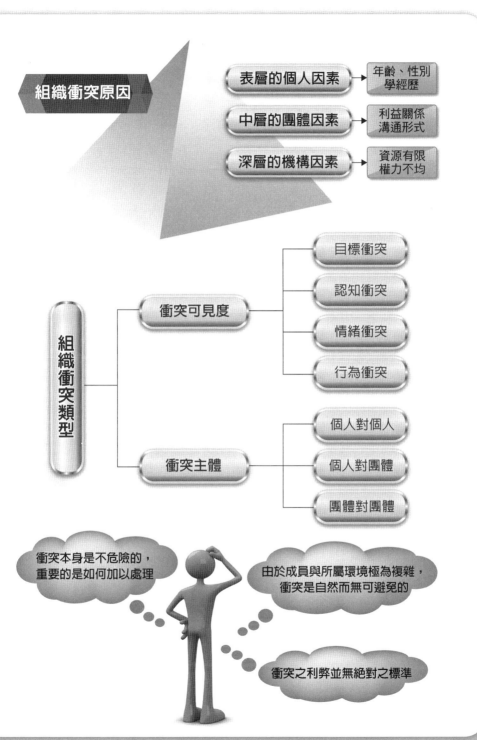

組織衝突原因

表層的個人因素 → 年齡、性別 學經歷

中層的團體因素 → 利益關係 溝通形式

深層的機構因素 → 資源有限 權力不均

組織衝突類型

衝突可見度

目標衝突

認知衝突

情緒衝突

行為衝突

衝突主體

個人對個人

個人對團體

團體對團體

衝突本身是不危險的，重要的是如何加以處理

由於成員與所屬環境極為複雜，衝突是自然而無可避免的

衝突之利弊並無絕對之標準

Unit 8-5　角色衝突

圖解教育行政理論

114

一、角色衝突的模式

學者 Lipham & Hoeh 根據角色關係的不同而發展出一套模式，以校長爲例，茲分述如下：

1. 自我的角色期待（A 點）：作爲一個校長，我認爲自己應該做什麼。

2. 他人的角色期待（B 點）：他人對我扮演校長時的角色期待。

3. 想像他人的角色期待（C 點）：校長根據自我觀點，進而預測教師對自己的看法。

基本上，一個成功的角色扮演爲 A、B、C 三點合一，此即「自我期待、他人期待、與想像他人期待」皆相同。茲將其關係分述如下：

1.AB 一線稱爲「本質的差距」（existential distance）：解決差距的方式：因校長與教師對於教育意義、目標等哲學課題上的看法不同，這是一種文化或哲學的爭辯，必須靠長時間的努力才會消除。

2.BC 一線稱爲「溝通的差距」（communicative distance）：解決差距的方式：校長要能廣開管道，適度與教師作正式與非正式的溝通，才能縮短 BC 間的距離。

3.AC 一線稱爲「判斷的差距」（interceptive distance）：解決差距的方式：改變感覺他人想法的方式，不要自以爲尊，應站在別人的立場來看問題。我們常以自己的價值標準來推想別人對我們的看法。

二、角色衝突的類型

1. 不同角色間的衝突（inter-role conflict）：發生在校長同時扮演數種角色時。又可稱之爲「三面夏娃的痛苦」。

2. 不同團體間的衝突（inter-reference-group conflict）：發生在校長處於兩個對立的團體中間。又可稱之爲「池魚之殃的痛苦」。

3. 團體內的衝突（intra-reference-group conflict）：發生在校長面對團體內兩派不同人士時。又可稱之爲「兩面不是人的痛苦」。

4. 角色與人格的衝突（role-personality conflict）：發生在校長扮演的角色跟其人格不合時。又可稱之爲「爲五斗米折腰的悲哀」。

三、角色人格衝突之關係

基本上，Lipham & Hoeh 提出理想的「角色－人格關係」圖，其亦與角色關係模式非常相似，茲分述如下：

1. 我現在所受到的期望（A 點）。

2. 我認爲理想中應該扮演的角色（B 點）。

3. 我的人格傾向（C 點）。

4.AB 線段爲「角色扮演的正確度」。

5.BC 線段爲「角色的完成度」。

6.AC 線段爲「角色的滿足感」。

原則上，三角形的三個點距離愈大，表示角色人格衝突愈強烈，反之則愈理想。

（我認為別人對我角色的期待）
C

教育行政者的角色

角色的歧異

溝通的差距

本質的差距

A
（自我角色的期待）

B
（他人對我角色的期待）

不同角色間的衝突	不同團體間的衝突
團體內的衝突	角色與人格的衝突

（我現在所受到的期望）
A

（理想上我認為應被期望什麼）
B

角色扮演正確度

角色人格關係

滿足感

自我實現

C
（我的人格需求）

Unit **8-6**
衝突處理

一、衝突處理的向度

學者 Thomas 曾提出「雙向度應付衝突模式」，其最大的不同點乃在於用果決程度與合作程度兩個向度，來探討應付衝突的方式，茲分述如下：

1. 果決程度（assertiveness）：個人堅持己見的程度。

2. 合作程度（cooperation）：願意與他人合作而使之滿意的程度。

二、衝突處理的方法

Thomas 在「雙向度應付衝突模式」中，根據前述兩種向度的不同組合，提出處理衝突的五種方法，說明如下：

1. 抗爭（domination）：即「高果決低合作型」。雙方堅持己見，強迫對方接受自己看法，毫無妥協餘地，非爭個你死我活不可。

2. 逃避（avoidance）：即「低果決低合作型」。雙方不願意面對衝突，一味地粉飾太平。表面上彼此相安無事，檯面下卻是暗潮洶湧。

3. 忍讓（accommodation）：即「低果決高合作型」。面對問題時，採取消極合作的態度，以平息衝突，但個人卻未獲得任何滿足或理想實現。

4. 安協（compromise）：即「中果決中合作型」。雙方各退一步，經由交涉而達成協議。雙方在過程中皆失去一些，並無所謂贏家。

5. 統合（collaboration）：即「高果決高合作型」。雙方雖各有己見，但卻能坦誠與對方合作，以求得兩全之道。

三、衝突的過程

Thomas 將組織衝突視為一連串的動態過程。其將衝突的過程分為「情節」與「後果」，大致可分為四階段：

1. 挫折階段（frustration）。
2. 概念化階段（conceptualization）。
3. 行動階段（behavior）。
4. 效果階段（outcome）。

四、衝突處理的策略

（一）預防衝突的策略
1. 培養良好的組織文化與氣候。
2. 暢通溝通管道增進溝通效果。
3. 釐清組織各部門的工作職權。
4. 協調各利益團體的政治盤算。
5. 統合次級文化與非正式組織。

（二）處理衝突的策略
1. 爭取有限資源的效率最大化。
2. 向高層或申訴委員會提申訴。
3. 請公正第三者進行斡旋協調。
4. 重新建立或設計組織的結構。
5. 針對衝突採取問題解決方式。

有些學者認為，衝突的發生無可避免，甚至對於組織來說，不啻是一件好事，因此有引進衝突之說。然而，由於引進衝突是屬於「創造性的破壞」，在暮氣沉沉的組織中尚可一試，但仍需注意其可能帶來的各種負面效果。

果決
↑
│
堅定自信
│
↓
不果決

●抗爭（贏／輸）　　　　　●統合（贏／贏）

●妥協（有輸有贏）

●逃避（輸／輸）　　　　　●忍讓（輸／贏）

不合作 ◀────── 互助程度 ──────▶ 合作

Thomas雙向度應付衝突模式

衝　　突　　過　　程

挫折
階段

概念化
階段

行動
階段

效果
階段

預防衝突的策略

培養良好的組織文化與氣候

暢通溝通管道增進溝通效果

釐清組織各部門的工作職權

協調各利益團體的政治盤算

統合次級文化與非正式組織

處理衝突的策略

爭取有限資源的效率最大化

向高層或申訴委員會提申訴

請公正第三者進行斡旋協調

重新建立或設計組織的結構

針對衝突採取問題解決方式

第 9 章

教育領導

　　二十世紀以來，領導理論即成為教育行政領域重要之議題。人類為群居動物，聚集在一起自然會有領袖產生。遠古聚落之共主與現今民選之總統，所領導的方式與團體或有不同，但皆以達成團體目標為目的。

　　領導者產生後，相關領導理論開始研究領導者必須具備何種特質。研究結果對於相關特質眾說紛紜且莫衷一是，因此轉而探討領導者之行為。之後，探討情境因素之權變論興起，主張領導者的行為必須視特定的情境而通權達變。特質論、行為論與權變論被視為是傳統領導理論，其後新興領導理論興起，其內容傾向整合多種領導理念，因此又可稱為整合型領導。同時，針對教育實務的推行，具有功能性的領導（如教學領導）開始出現，而被概稱為功能型領導。

Unit **9-1**
教育領導基本模式與走向

一、教育領導的基本架構模式

教育領導係以領導者、追隨者，以及情境脈絡三者之間的動態互動，與其產生之績效為主。其歷程所牽涉的變項有五類，茲分述如下：

1. 領導者與部屬特質變項：領導者的魅力、專業能力、人格特質、品德，以及健康程度等；部屬的價值觀、工作動機、專業能力、人格特質等。

2. 領導中介變項：組織結構、角色與任務明確性、工作的特性、資源支持程度、組織溝通程度、組織外部壓力、部屬之努力程度等。

3. 領導情境變項：組織文化、組織氣候，以及組織健康等。

4. 領導行為變項：設定目標與願景、成員工作動機之激發、協商利益交換等。

5. 領導效能變項：學生學業成就、學校創新程度、教師工作滿意度、學校產出之品牌與特色等。

二、教育領導的階段

1. 試圖領導階段：領導者針對待解決的問題，明白表示要改變團體的結構或是行事的方法。

2. 接受領導階段：領導者用各種方法使部屬瞭解自己的改革，是解決問題所必須的步驟。

3. 執行領導階段：領導者在此時期實行自己的改革，使團體的結構產生改變。

4. 評鑑領導階段：當改革完成、新局面產生後，領導者與部屬對於是否達成既定目標進行評鑑。

三、教育領導理論的走向

（一）傳統型教育領導走向

1. 特質論領導走向：(1) 盛行時間：1940 年代以前；(2) 理論重點：尋找成功領導者的特質。

2. 行為論領導走向：(1) 盛行時間：1940 至 1960 年代；(2) 理論重點：有效能領導者的外顯行為。

3. 權變論領導走向：(1) 盛行時間：1960 至 1980 年代；(2) 理論重點：在特定情境中的適當領導行為。

（二）整合型教育領導走向

1. 盛行時間：1980 年代以後。

2. 理論重點：整合多個走向或層面，以發展出最具有效能的領導方式。

（三）功能型教育領導走向

1. 盛行時間：1980 年代以後。

2. 理論重點：將領導理念應用於教育的實際需求上。

上述五種類型為二十世紀以來教育領導理論之發展，由於進入二十一世紀後，各類資料的累積與發展，如線上可汗學院與 MOOC 課程的興起，導致新興理論的未來模式發展正在逐漸醞釀發酵，因此，教育領導理論邁向一個嶄新的領導模式，可謂指日可期。

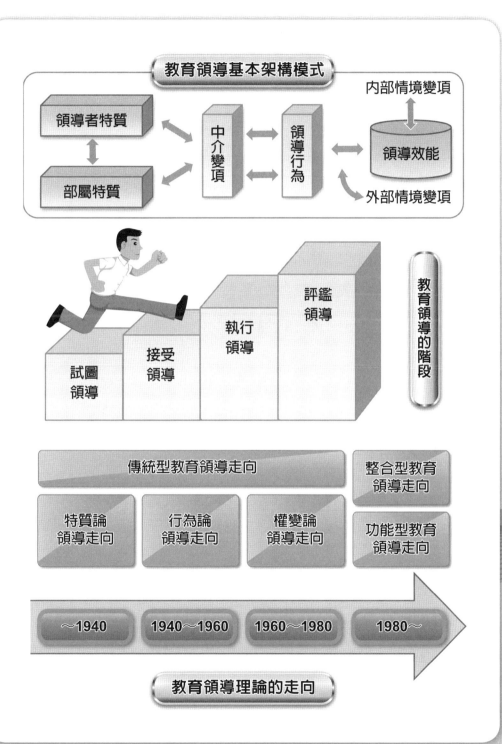

教育領導基本架構模式

領導者特質 ⇄ 中介變項 ⇄ 領導行為 ⇄ 領導效能

部屬特質

內部情境變項

外部情境變項

試圖領導　接受領導　執行領導　評鑑領導

教育領導的階段

傳統型教育領導走向

整合型教育領導走向

特質論領導走向　行為論領導走向　權變論領導走向

功能型教育領導走向

～1940　1940～1960　1960～1980　1980～

教育領導理論的走向

Unit 9-2
特質論領導走向：英雄造時勢

一、特質論的主張

特質論又稱作「偉人論」，係屬於「英雄造時勢」的看法，主張歷史是由偉人創建，人類的未來繫於少數天才身上。

二、特質論的種類

Stogdill 曾綜合 163 項領導特質，歸結與領導才能有關的個人因素有六大類，茲分述如下：

1. 才能（capacity）：智力、機智程度、健談、創造力與判斷力。

2. 成就（achievement）：學識、知識與運動方面的成就。

3. 責任（responsibility）：可信賴性、主動性、堅毅性、積極性、自信心與超越他人的渴望。

4. 參與（participation）：活動、社交能力、合作、適應力與幽默感。

5. 地位（status）：社會經濟地位與受歡迎的程度。

6. 情境（situation）：心理層次、技能、追隨者的需求與興趣，以及所要達成的目標。

三、對特質論的評論

特質論始終無法提出一組特別的變數來涵蓋成功領導者的特質組合，其原因有四點，茲分述如下：

1. 特質的種類持續出現：在不同的情境中，不同的新特徵不斷地出現。

2. 特質相衝突而無法自圓其說：特質論常產生許多自相矛盾的理論，如領導者必須堅持自我理念，但卻必須有所妥協。

3. 人格測驗信度存有疑慮：用人格測驗所測出的人格特徵，常不能對領導者的行為作正確有效的預測。

4. 成功特質的反證力薄弱：研究中，成功的領導者具有某些特質，但失敗者是否因未具備這些特質而失敗呢？

四、成功領導者的特質

Yukl, Hoy, & Miskel 等人綜合各家研究，提出成功領導者的三大特質，茲分述如下：

（一）人格特質（personality traits）

即「先天遺傳和後天環境共同塑造的個性」，主要可分為四項：

1. 自信（self-confident）
2. 壓力承受（stress-tolerant）
3. 情緒成熟（emotionally mature）
4. 正直（integrity）

（二）動機特質（motivation traits）

即「個人的工作熱誠和努力開創的動能」，主要可分為三項：

1. 工作與人際關係需求（task and interpersonal needs）
2. 權力與成就價值（power and achievement values）
3. 對成功的高度期待（high expectations for success）

（三）技能特質（skill traits）

即「專業知識和專家經驗」，主要可分為四項：

1. 技術能力（technical skills）
2. 人際能力（interpersonal skills）
3. 思考能力（conceptual skills）
4. 行政能力（administrative skills）

才能

情境　成就

特質
種類

地位　責任

參與

特質的種類
持續地出現

對特質論
之批評

特質相衝突無法
自圓其說

成功特質的
反證力薄弱

人格測驗信度
存有疑慮

成功領導者的特質

動機特質

・自信
・壓力承受
・情緒成熟
・正直

・工作與人際關係需求
・權力與成就價值
・對成功的高度期待

・技術能力
・人際能力
・思考能力
・行政能力

人格特質

技能特質

Unit 9-3
行為論領導走向：行為造英雄（I）

一、行為論的主張

行為論主張領導者之所以成為偉人，乃基於本身之行為適合組織的需要，因緣際會而成。

二、領導雙因子理論

學者 Halpin & Winner 在俄亥俄州立大學所制定的「領導行為描述量表」（Leader Behavior Description Questionnaire，簡稱 LBDQ），初時分為十個項目，後經由因素分析後，可以統整為下列兩個因素：

1. 倡導（initiating structure）：領導者能劃清與下屬之間的職責關係，確立明確的組織目標和型態，以及建立工作程序，溝通管道行為。

2. 關懷（consideration）：領導者對於員工的感覺能夠感受和體會，並建立友誼、相互信任，以及溫暖氣氛的領導行為。

根據 LBDQ 的填答結果，顯示領導者在倡導與關懷上的不同類型。如果把兩者以高低區分，可以構成四個象限：

1. 高倡導高關懷
2. 高倡導低關懷
3. 低倡導低關懷
4. 低倡導高關懷

三、LBDQ 的十二個領導層面

學者 Stogdill 將 LBDQ 修訂而成 LBDQ-XⅡ式，包括十二個領導層面，說明如下：

1. 代表性（representation）：領導者能代表全體發言或行動。

2. 和解力（demand reconciliation）：領導者能化解衝突而造成和解。

3. 對不穩定的容忍度（tolerance of uncertainty）：領導者對所處團體前途或方向不明確的事實，能具體接受而不沮喪。

4. 說服力（persuasiveness）：領導者能適時利用說服或論辯的方法，來化解問題或提出自己的主張。

5. 倡導（initiation of structure）：領導者給予部屬某些程度的自由，並允許其自我決策。

6. 自由容許度（tolerance of freedom）：領導者容許部屬自我決策與行動的範圍和程度。

7. 角色扮演（role assumption）：領導者發揮領導的地位，而不受制於他人。

8. 關懷（consideration）：領導者給予部屬關照，並為其謀取福利。

9. 生產的注重（productive emphasis）：領導者對部屬成品品質所施的壓力與需求。

10. 前瞻性（predictive accuracy）：領導者對於未來發展預估的正確性。

11. 整合性（integration）：領導者與團體保持密切關係，並適時解決部屬糾紛。

12. 上級導向（superior orientation）：領導者與上級保持良好關係，甚至對其產生影響，使團體推動更加有利。

領導雙因子理論

	關懷行為	
高倡導 低關懷	高倡導 高關懷	
低倡導 低關懷	低倡導 高關懷	

倡導行為 高 ← → 低

關懷行為 低 ← → 高

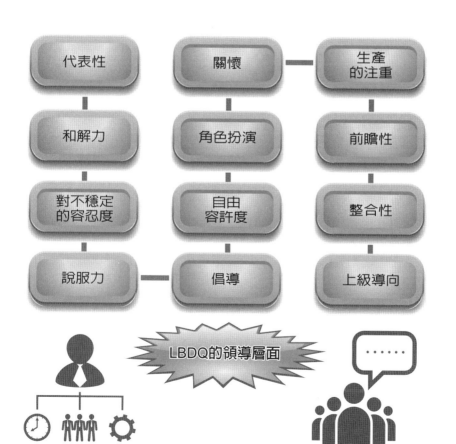

代表性 — 關懷 — 生產
的注重

和解力 — 角色扮演 — 前瞻性

對不穩定
的容忍度 — 自由
容許度 — 整合性

說服力 — 倡導 — 上級導向

LBDQ的領導層面

Unit 9-4
行為論領導走向：行為造英雄（II）

四、領導方格理論

學者 Blake & Mouton 的領導方格理論（grid concepts of leadership）與 LBDQ 極為相似，基本上亦是由兩個線軸組成，茲分述如下：

1. 生產導向因素（concern of production）：為 x 軸，近似 LBDQ 的倡導因素。

2. 員工導向因素（concern of people）：為 y 軸，近似 LBDQ 的關懷因素。

根據領導者對兩個因素取捨的不同，計可分為五種類型，茲分述如下：

1. 無為型（1,1 組合）：對於團體產出與部屬的關懷皆不注意，對組織目標只有最低限度的要求。

2. 任務型（9,1 組合）：重視產出績效，但卻對部屬的感覺鮮少注意。

3. 中庸型（5,5 組合）：對員工與產出給予中等程度的注意，以取得平衡。

4. 鄉村俱樂部型（1,9 組合）：只對部屬強力關懷，不介意產出成果。

5. 團隊型（9,9 組合）：對生產與部屬的注意均達到最高程度。

五、官僚、同僚與政治模式

官僚模式、同僚模式與政治模式對於領導行為各有主張，說明如下：

1. 官僚模式（bureaucratic model）：由 Max Weber 科層體制理念衍生而成。組織必有正式及嚴密的階層系統，呈現金字塔的形狀。

2. 同僚模式（collegial model）：由 Millett 等人主張組織決策應該由具有專業的成員共同會商後完成。其反對官僚模式，認為教育組織應具有下列特性：

(1) 不主動性（inactivity）

(2) 流動參與性（fluid participation）

(3) 利益團體的存在（fragmented into interest groups）

(4) 衝突的產生是正常且頻繁的（conflict is normal）

(5) 權威的受限（authority is limited）

(6) 外在的利益團體深具影響力（external interest groups are important）

3. 政治模式（political model）：主要倡導者為 Baldridge，認為學校是政治系統與複雜組織的混合體，各個參與者都試圖利用不同方式來影響決策。

六、校長在官僚、同僚與政治模式中應扮演的角色

1. 在官僚模式中扮演「英雄」角色：校長處於決策權力之頂端，因之被眾人期盼為能力高強的英雄人物。

2. 在同僚模式中扮演「傾聽者」角色：校長最大的責任在於傾聽各方意見、蒐集專家知識，創造衝突與協商的契機。

3. 在政治模式中扮演「觸媒者」角色：校長處於不同利益團體的政治角力間，常需要為其媒合意見與分配利益，在不斷地折衝樽俎下，達成預定之目標。

基本上，行為論主張領導者並非天縱英才，只要找出最適當的領導風格或類型，一般人也可以經由訓練而成為成功的領導者。

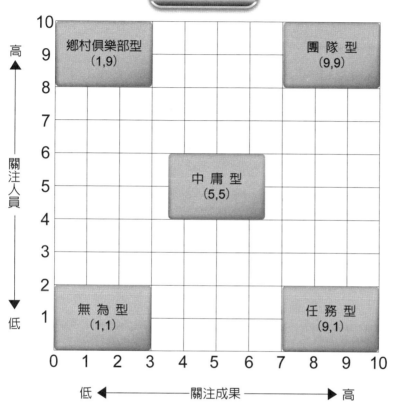

校長在三種模式扮演的角色

Unit 9-5
權變論領導走向：依時勢而為（I）

一、權變論的主張

權變論又稱作「情境論」，係屬於「依時勢而為」的看法，主張領導者必須依據不同的情境，作出最適合當時的最佳領導策略。其中以 Fiedler 的權變理論最為盛行，也可被稱為情境理論（situational theories）。

二、Fiedler 的權變理論

Fiedler 的理論主張要探討領導行為，必須要研究人與環境兩組變數，前者為領導者的動機結構，後者則為情境有利性。敘述如下：

（一）領導者的動機結構（motivational structure）

1. 關係取向（relationship-motivated）：以改進與部屬關係為第一要務；當其處於不明朗或陌生的環境中，會先試圖得到部屬的支持，然後才論及任務達成。

2. 工作取向（task-motivated）：先強調制度與法紀，以達成第一目標為首要優先，較有訴諸權威的趨向。

（二）情境有利性（situational favorableness）

1. 領導者與部屬之間的關係：如果領導者被團體成員信任與愛戴，領導者就較易對其指揮與影響。

2. 工作結構：如果工作目標確定，有一定的執行流程，則工作結構度就高，反之則低。

3. 領導者職權大小：領導者對部屬的聘僱、加薪、獎懲、去職有絕對的影響力，則其職權就大，否則可能形成「虛位元首」的情況。

根據上述三種情境因素的排列組合，可以將領導情境分為八類（詳見右頁一覽表圖）。

三、Fiedler 的領導者培養方式

Fiedler 認為，培養領導者的方式有下列四點：
1. 與部屬相處融洽。
2. 有效執行行政業務。
3. 加強專業知識。
4. 測知情境有利性。

四、Fiedler 理論之評述

關於對 Fiedler 的理論批評，主要有如下四點：

1. LPC 量表（Least Preferred Coworker Scale）信度太差。

2. 情境變數測量困難，且工作結構高低的判斷也有困難，因之在決定情境有利性上的正確度不夠。

3. 權變理論各相關研究結果，常有互相矛盾的現象。

4. 過度重視高 LPC 與低 LPC 分數者，而忽略了得分中等的領導者。

總之，Fiedler 一再強調，天下沒有必勝的領導者，只能說在特定情境中，某種動機取向的領導較為適合。李白「天生我才必有用」，頗能配合 Fiedler 的理論。因此，「尋找最有利的情境」，往往成為決定成功與否的關鍵因素，有志於擔任領導者的人，實不可不察！

Fiedler領導型態一覽表

情境有利度	非常有利			中度有利				非常不利
領導型態	工作取向			關係取向				工作取向
情境類型	一	二	三	四	五	六	七	八
與部屬關係	好	好	好	好	差	差	差	差
工作結構	高	高	低	低	高	高	低	低
領導者職權	強	弱	強	弱	強	弱	強	弱

Unit **9-6**
權變論領導走向：依時勢而為（II）

五、House 的路徑目標領導理論

路徑目標模式重在領導行為的歷程，認為領導者的工作是在創造一個工作環境，並藉著規劃、支持與酬賞的方法，來幫助部屬達到團體目標。其乃是 House 借用動機的期待理論（expectancy theory）發展而成。

House 的理論主要分為四大部分，茲分述如下：

（一）確定目標

1. 定義目標（goal definition）：領導者必須解釋達成目的之原因何在，所需條件為何。

2. 設定特定目標（set specific goals）：將所定義的目標轉成行為目標，能夠予以測量和評鑑。

3. 製造挑戰性（make them challenging）：邀請部屬加入，並告知目標之困難，藉以引發更強的動機來完成目標。

4. 回饋（feedback）：對部屬達成目標程度和優、缺點，應立即給予回饋，幫助其修正以達成目標。

（二）領導者行為

1. 獨斷型（directive）：直接給予部屬指示，要求確實執行。

2. 成就導向型（achievement-oriented）：為部屬設定深具挑戰的目標，給予鼓勵以達成目標。

3. 支持型（supportive）：願意適時支援部屬達成目標。

4. 參與型（participative）：允許部屬參與決策，或徵詢其意見作為決策參考。

（三）情境權變因素

1. 部屬特徵（subordinate characteristics）

(1) 內外控（locus of control）：部屬認為自己能決定周圍事務或由命運決定的程度。

(2) 能力（ability）：部屬認為自己工作能力有多少的程度。

(3) 服從程度（authoritarianism）：部屬對上級命令的服從度。

2. 環境變數（environmental factors）

(1) 工作的困難度。

(2) 團體的權力結構（嚴謹或鬆散）。

(3) 其他相關單位的支持。

（四）產生的組織效能

1. 部屬的工作滿足感。

2. 對領導者的接受程度。

3. 部屬動機的增強。

4. 組織產量之增加。

六、目標管理

目標管理（management by objectives，簡稱 MBO）係由路徑目標模式演化而來，主張領導者需與部屬一起設定目標，並為此共同努力。其基本步驟如下：

1. 領導者與部屬共同決定目標。

2. 領導者與部屬共同設立績效準則，以利評鑑之進行。

3. 部屬開始行動。

4. 行動中不斷檢討，以補足達成目標之所需。

5. 行動結束後，共同進行成果評鑑。

6. 準備下一階段的目標。

House的路徑目標領導理論

確定目標	領導者行為	權變因素	組織效能
1.定義目標	1.獨斷型	1.部屬特徵	1.工作滿足感
2.確定目標	2.成就導向型	2.環境變數	2.領導接受度
3.製造挑戰性	3.支持型		3.動機增強
4.回饋	4.參與型		4.產量增加

目標管理

領導者與部屬共同決定目標

領導者與部屬共同設立評鑑績效準則

部屬開始行動

行動中檢討，以補足達成目標之所需

行動結束後，共同進行成果評鑑

準備下一階段的目標

Unit **9-7**
權變論領導走向：依時勢而為（III）

132

七、Reddin 的三面領導理論

關於先前的權變理論研究，大多偏限於兩個層面（工作或關係層面），Reddin 則認為，領導層面必須加上「領導效能」（leadership effectiveness）層面，才能完備。因此，其理論又被稱為三層面理論（three dimension theory of leadership）。茲分述如下：

1. 工作導向（Task Orientation，簡稱 TO）：領導者為達成目標，對於員工指揮的程度。

2. 關係導向（Relationship Orientation，簡稱 RO）：領導者為改進與員工關係（如取得其信任）的程度。

3. 效能導向（Effectiveness Orientation，簡稱 EO）：根據其所訂目標，經由領導行為過程後所產生的效果。

基於三層面所展現的基本領導形式有四種，四種領導形式依其產生效能高低，又可分為八種領導者，說明如下：

1. 關注型領導（related，低工作高關係）：效能高者被稱為「發展者」（developer），效能低者被稱為「傳教士」（missionary）。

2. 整合型領導（integrated，高工作高關係）：效能高者被稱為「執行者」（executive），效能低者被稱為「妥協者」（compromiser）。

3. 盡職型領導（dedicated，高工作低關係）效能高者被稱為「開明專制者」（benevolent autocrat），效能低者被稱為「獨裁者」（autocrat）。

4. 疏離型領導（separated，低工作低關係）：效能高者被稱為「官僚」（bureaucrat），效能低者被稱為「拋棄者」（deserter）。

八、生命週期領導理論

Hersey & Blanchard 的理論，除了「工作導向」和「關係導向」外，亦加入了「成熟度」（maturity）變數。由於成熟度有高低，因此稱為生命週期領導理論。其將領導形式分為下列四種：

1. 高工作低關係（Q1）
2. 高工作高關係（Q2）
3. 低工作高關係（Q3）
4. 低工作低關係（Q4）

此外，決定成熟度的因素有二：(1) 對於追求更高目標的意願；(2) 對於追求目標所需負責任的能力和技能。根據以上兩個因素，可以歸納組織或個人成熟度為以下三部分：

1. 低（M1）
2. 中等（M2、M3）
3. 高（M4）

生命週期領導理論將情境因素（成熟度）與領導類型加以組合，並提出相關權變之主張如下：

1. 組織或部屬極端不成熟（M1），工作取向為最佳領導類型。

2. 組織或部屬屬於不成熟近中度成熟（M2），高工作高關係為最佳領導類型。

3. 組織或部屬屬於中度成熟近完全成熟（M3），關係取向為最佳領導類型。

4. 組織或部屬非常成熟（M4），低工作低關係為最佳領導類型。

三面領導理論

關係導向 高 ↑ ↓ 低

| 高：發展者 **關注型領導** 低：傳教士 | 高：執行者 **整合型領導** 低：妥協者 |
| 高：官僚 **疏離型領導** 低：拋棄者 | 高：開明專制者 **盡職型領導** 低：獨裁者 |

低 ◀◀ 工作導向 ▶▶ 高

生命週期領導理論

關係導向 高 ↑ ↓ 低

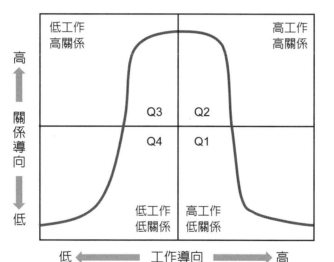

低工作 高關係   高工作 高關係

Q3   Q2

Q4   Q1

低工作 低關係   高工作 低關係

低 ◀◀ 工作導向 ▶▶ 高

部屬成熟度

高	中	度	低
M4	M3	M2	M1

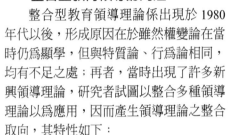

Unit 9-8
整合型教育領導走向

一、整合型教育領導的內涵

　　整合型教育領導理論係出現於 1980 年代以後，形成原因在於雖然權變論在當時仍為顯學，但與特質論、行為論相同，均有不足之處；再者，當時出現了許多新興領導理論，研究者試圖以整合多種領導理論以為應用，因而產生領導理論之整合取向，其特性如下：

　　1. 採取整合之走向：新興領導理論試圖整合特質論、行為論與權變論之觀點，以形成更大視野，避免因為單一走向而產生瞎子摸象之弊。

　　2. 重視被領導者之領導角色與功能：以往各走向的論述重點均偏向於領導者的角色，被領導者除了聽命之外，完全與領導過程無關；而新興領導理論則重視被領導者角色，強調向上領導與被領導之法，更有甚者，認為應抹去領導與被領導之別，例如：僕人領導或服務領導等。

　　3. 強調領導者創新與變革之積極角色：以往領導理論均著重在領導者發揮維持與守成的功能，而新興領導理論則是領導者必須積極主動創新與變革，才能具有統馭全局的權力，而領導過程中的必要衝突，也是領導者必須視狀況而應用的方式。

二、整合型領導理論之分類

　　1. 轉型領導群：強調利用魅力與建立願景，協助成員知識啟發，以將其工作動機提升至自我實現層次。

　　2. 交易領導群：透過利益交換，給予特權方式，提升員工工作動機及服從命令之意願，以達到領導者所希望之目標。

　　3. 道德領導群：領導者利用自我道德修為與特質，將學校轉型為具有服務價值觀之共同團體，進而激勵成員共塑正向價值觀。

　　4. 服務領導群：領導者身體力行，藉由服務成員而建立良好的互動關係，促使成員甘願犧牲小我，為組織全力拚戰。

　　5. 分布式領導群：領導者與成員利用協同之行動共同治理組織，透過彼此之間的互動與啟迪，形成有效能的領導群。

　　6. 家長式領導群：領導者在組織中行使絕對權力，但也試圖成為楷模與良師，如父親般關愛部屬。

　　7. 文化領導群：領導者透過影響成員的基本信念與價值觀，進而形塑正面融合之組織文化。

三、轉型領導與交易領導

（一）轉型領導
1. 魅力（idealized influence）
2. 激發動機（inspirational motivation）
3. 知識啟發（intellectual stimulation）
4. 個別關懷（individual consideration）

（二）交易領導
1. 後效酬賞（contingent reward）
2. 例外管理（management-by-exception）

　　以上所歸納之「七群領導走向」，也未能全面涵括所有領導理論。此因 1980 年代以後，新興領導理論如過江之鯽般不斷出現，種類繁多且難以聚焦。

採取整合
之走向

重視被領導
者之領導角色
與功能

強調領導者
創新與變革
之積極角色

整合型
領導特點

整合型教育領導 —
- 轉　型領導群
- 交　易領導群
- 道　德領導群
- 服　務領導群
- 分布式領導群
- 家長式領導群
- 文　化領導群

Unit 9-9
功能型教育領導走向

一、功能型教育領導的内涵

　　功能型教育領導係指將領導理念應用於各類「教育功能」中之理論，嚴格來說，並未發展嚴謹之領導內涵與理論基礎。然而，由於因應實務之需要而研究者眾多，故仍有其重要性。以下分別說明近年最受矚目的功能型領導。

二、課程領導

（一）課程領導的定義

　　針對學校之相關課程政策與實施，領導者提供必要資源與服務，協助教師進行課程規劃、發展、實施與評鑑之作為。

（二）課程領導的内容

　　1. 學校課程目標之設定。
　　2. 課程規劃與設計。
　　3. 課程實施。
　　4. 課程評鑑。
　　5. 發展教師專業能力。
　　6. 創造高支持性教學環境。

三、教學領導

（一）教學領導的定義

　　校長扮演領導與協調的角色，引導與幫助教師之教學相關活動，以提升教師教學效能、學生學習表現，進而達成教育目標的領導行為。

（二）教學領導的層面

　　教學領導大致可分為兩個層面，各層面各有其做法，茲分述如下：
　　1. 教學領導「規劃」層面
　　(1) 發展讓師生能感到支持的學習環境。

　　(2) 進行充分授權。
　　(3) 建立組織積極正面期望。
　　(4) 發展成員凝聚力。
　　(5) 鞏固社區與學校之間的聯繫。
　　(6) 建立明確具體的分項目標。
　　2. 教學領導「行動」層面
　　(1) 發展學校之教學目標。
　　(2) 確保課程品質與提升教師專業。
　　(3) 評鑑學校教學現況。
　　(4) 形塑良好學校文化。
　　(5) 建立學校與社區間良好關係。

四、知識領導

（一）知識領導的定義

　　組織領導者能建立一個實施知識管理的組織環境，營造具向心力及創意的組織文化及氣氛，並能傾聽、學習、教導及分享知識，以提升組織競爭力及效能。

（二）知識領導的内涵

　　1. 發揮領導影響力。
　　2. 形塑組織文化。
　　3. 促進組織學習與創新。
　　4. 營造知識型組織環境。
　　5. 建置資訊基礎設施。
　　6. 處理知識及其應用。
　　7. 發展知識行動策略。
　　8. 測量與評估成效。

五、科技領導

（一）科技領導的定義

　　領導者發展、引導、管理與運用科技於組織運作，以提升績效的領導行為。

（二）科技領導的層面

1. 願景、計畫與管理。
2. 成員發展與訓練。
3. 評鑑與研究。
4. 科技與基礎設施之支持。
5. 人際關係與溝通技巧。

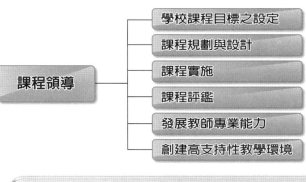

課程領導
- 學校課程目標之設定
- 課程規劃與設計
- 課程實施
- 課程評鑑
- 發展教師專業能力
- 創建高支持性教學環境

教學領導	
規劃層面	行動層面
· 發展讓師生感到支持的學習環境 · 進行充分授權 · 建立組織積極正面期望 · 發展成員凝聚力 · 鞏固社區與學校之間的聯繫 · 建立明確具體的分項目標	· 發展學校之教學目標 · 確保課程品質與提升教師專業 · 評鑑學校教學現況 · 形塑良好學校文化 · 建立學校與社區間良好關係

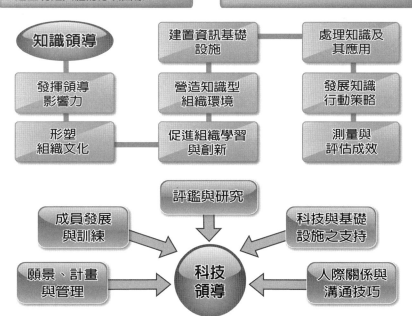

第 10 章

動機理論

　　動機乃是達成目標的驅力或動力，激勵則是激發動機的行為，兩者實為一體之兩面。在激發個人動機的研究上，可分為認知導向與行為導向兩個學派，前者強調增強動機的內容，後者則重視動機產生的過程。兩種導向衍生出動機內容理論與動機過程理論等不同觀點。不論是動機的內容或過程，均極為重視動機的引擎，也就是團隊士氣的展現。

　　領導者在應用不同動機理論時，必須針對組織的特性，適時形塑團隊士氣，以創建既定目標的優良績效。

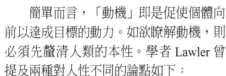

Unit 10-1
動機的測量與研究走向

一、動機的內涵

簡單而言，「動機」即是促使個體向前以達成目標的動力。如欲瞭解動機，則必須先釐清人類的本性。學者 Lawler 曾提及兩種對人性不同的論點如下：

1. 認為人類會被天生的、互相衝突的與潛意識的驅力所控制，而產生本能的或時常發生的自我摧殘行為。

2. 認為人類可以理性且清楚瞭解自我的目標，相關行為將以幫助其達成的方法為依歸。

實際上，有些學者將動機視為激勵的先決條件，而其實動機（motivation）與激勵（motivating）乃一體之兩面。個體必須先具備動機，才能去做激勵的行動。在執行面上，教育激勵係指教育行政相關人員具有達成目標的動力（動機），並以此為依據，透過方法來滿足成員需求並激發其追求目標的意願，使其朝向目標邁進的歷程。教育動機係指在進行教育激勵之前，先具有達成教育目標的動力。

二、動機的測量

根據 Owens & Valesky 的看法，測量動機的效標向度分為以下三種：

1. 選擇的方向（direction in making choices）：同樣處理一件事，在眾多的做法中，可從個人的選擇，判斷其動機強弱。

2. 堅持程度（persistence）：個人在其所選擇之行為中，所投入的時間長度。

3. 強度（intensity）：個人介入的程度和態度。

三、行為學派與認知學派

在激發個人動機的方法上，主要分成兩個學派：

1. 行為學派（behavioral approach）：主張採用外在控制激發成員動機。認為可以藉由增強物的利用來操弄個人動機。此即「刺激－反應」原則，可藉此控制成員的動機強度。

2. 認知學派（cognitive approach）：重視個人心理與生理的研究，主張人格、情緒、態度、認知結構等，才是形成個人動機的主要因素。唯有創造適當的組織環境，配合個人內在特性，才能使其甘心效力。

四、動機的相關研究走向

1. 內容理論走向（content theory approach）：注重動機增強的因素和內容，計有：

(1)Freud 等的本能理論（instinct theory）。

(2)Maslow的需求層次理論（hierarchy of needs theory）。

(3)Herzberg 的雙因素理論（two factor theory）。

2. 過程理論走向（process theory approach）：注重動機產生行為的過程，計有：

(1)Adams 的平等理論（equality theory）。

(2)Vroom 的期望理論（expectancy theory）。

(3)Porter-Lawler 的期望理論。

堅持
程度

選擇的
方向

強度

動機的
測量

行為學派

動機學派

認知學派

內容理論

本能
理論

需求層次
理論

雙因素
理論

動機研究走向

過程理論

平等
理論

Vroom
期望理論

Porter-Lawler
期望理論

Unit 10-2
動機本能理論

一、本能理論的起源

本能理論的開山祖師為達爾文（Darwin），他認為人類與野獸的行為，是由天生的本能（instinct）所決定的。佛洛伊德（Freud）也贊成達爾文的學說，並倡導所謂「潛意識動機」說，主張人會在不自覺中產生某行為，乃因其引導的力量正是個人身上不同的本能，這些本能會使人對某種事物產生特別的興趣與關注。也就是說，本能理論認為，人的行為活動是內發性的，是先天就安排好的，目的是因應環境的變化而生存。

二、本能理論的特點

（一）驅力（drive）

1. 求自我生存的驅力：飢餓、口渴，與其他維持肉體生存的需求。

2. 性驅力（Eros）：目的在延續種族的香火。

（二）人格（character）

1. 本我（id）：各種基本驅力的儲藏室。

2. 自我（ego）：現實世界的我。

3. 超我（superego）：理想世界的我。

（三）防衛機制（ego defense）

1. 否認作用（denial）：拒絕承認不愉快的事實。

2. 扭曲作用（distortion）：將事實曲解成自己內心可以接受的方式。

3. 投射作用（projection）：將自身不良的情緒或行為推卸給他人。

4. 昇華作用（sublimation）：將受挫的慾望轉變成為可被大眾接受的正向形式。

5. 壓抑作用（suppression）：當自我的觀念情感或衝動不能被超我接受時，無意識將此壓抑至潛意識中，或稱主動性遺忘。

三、人格的向度

佛洛伊德的學生榮格（Jung），則提出「心理類型」（psychological type）的觀念來區分人格：

1. 內向與外向（introversion-extraversion）：差別在於個人如何引導其心理能量。內向人引導心理能量向自我；外向人引導心理能量向群眾。

2. 知性與感性（thinking-feeling）：差別在於處理資訊的態度。知性者講究的是邏輯；感性的人訴諸自我主觀的好惡。

3. 知覺與直覺（sensation-intuition）：差別在於是否以所接觸的環境現象與事實為判斷依據。知覺者以所接觸到的經驗和事實為判斷依據；直覺者偏向以感覺為其判斷事情的標準。

本能理論曾一度盛行於校園中，認為偏差行為的本能必須以加以鎮壓與處罰，主張學生基於本能是避罰服從的。之後，因被批評忽視學生行為改變的能力，而逐漸被人本心理學理論所取代。

驅力

人格

防衛機制

・自我生存
・性

・本我
・自我
・超我

・否認 ・昇華
・扭曲 ・壓抑
・投射

本能理論的特點

知性
V.S.
感性

內向
V.S.
外向

知覺
V.S.
直覺

心理
類型

Unit **10-3**
動機需求層次理論

一、需求層次理論的起源

　　Woodworth 是第一位提出「需求」或是「驅力」的人，主張人類對於生存需求的匱乏，是改變人類行為的驅力，這些驅力試圖彌補在某方面的匱乏，以達到平衡的地步。1930 年代以後，行為科學家才逐漸以「需求」一詞取代「驅力」。其後，Maslow 才將其學說發揚光大。

二、需求層次論的內容

　　學者 Maslow 將人類的需求分為五等，並認為低等需求滿足後，個人才會追尋高層次的需求，茲分述如下：

　　1. 基本生理需求（basic physiological needs）：人類賴以維生的各種需求，例如：食物、空氣、水、性及睡眠等。

　　2. 安全需求（safety needs）：主要偏向於人類心理上的需求，例如：工作的保障、免於疾病、災難或是意外事件等。

　　3. 社會需求（social needs）：與周遭的人互動後，個體的社會關係需求，例如：與同輩的親和、對公司的歸屬感、同事的認同感等。

　　4. 尊重需求（esteem needs）：又可分為：(1) 自尊（self-esteem）：對自己的信心、成就與獨立性的評價；(2) 別人對己身的尊重：他人對自己的看法。

　　5. 自我實現需求（self-actualization needs）：個人追求完美，或成為理想的典範，因而不斷地自我發展、自我創造的過程。

三、Porter 的需求層次論

　　Porter 認為，美國人衣食無虞，因而去除生理的需求，而加入「自治」（autonomy）的層次。自治係指個人對自己工作的控制，加入決策體系，以及取用組織資源的意願，其層次僅次於自我實現（介於尊重與自我實現需求之間）。

四、ERG 理論

　　學者 Alderfer 提出 ERG 理論，將人類的需求層次分為三層次：

　　1. 生存需求（existence needs）：個人在生理與安全上的需求（相近於 Maslow 的基本生理與安全需求之間）。

　　2. 關聯需求（related needs）：個人對有意義與正面關係之社會需求（介於 Maslow 的尊重與安全需求之間）。

　　3. 成長需求（growth needs）：個人追求自我尊嚴與成長的需求（介於自我實現與尊重需求之間）。

　　Alderfer 的 ERG 理論主張層次之間並非互斥，而是可同時進行的。此外，他也主張若上層需求不能滿足，則個人會對其下的需求尋找更大的滿意度。

五、需求層次論的批評

　　1. 需求類別的重疊性雜亂，令人難以釐清。

　　2. 高層次需求未必僅出現於滿足低層次需求之後。

　　3. 過分強調個人內在價值的突現性。

　　4. 忽略需求也有外在的誘因。

　　5. 缺乏理論實證研究的支持。

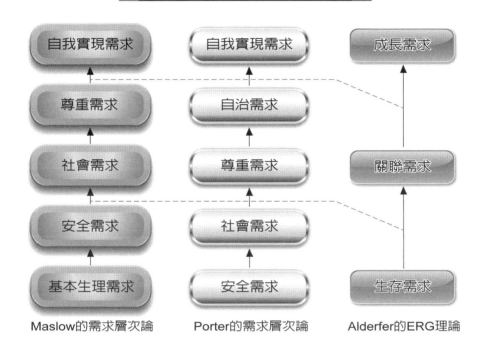

三種需求層次理論的比較

| 自我實現需求 | 自我實現需求 | 成長需求 |

自我實現需求 ← 尊重需求 ← 社會需求 ← 安全需求 ← 基本生理需求

Maslow的需求層次論

自我實現需求 ← 自治需求 ← 尊重需求 ← 社會需求 ← 安全需求

Porter的需求層次論

成長需求 ← 關聯需求 ← 生存需求

Alderfer的ERG理論

需求層次論的批評

需求類別的重疊性雜亂，難以釐清

高層次需求未必僅出現於滿足低層次需求之後

過分強調個人內在價值的突現性

忽略需求也有外在的誘因

缺乏理論實證研究的支持

Unit 10-4
動機雙因素理論

圖解教育行政理論

146

一、雙因素理論的起源

學者 Herzberg 主張，以往人們認為工作滿足的反面就是工作不滿足，因此只要除去使工作不滿足的因素，就會使員工在工作上感到滿足的想法是錯誤的。因此，其將「滿足」的反面定為「無滿足」，而「不滿足」的反面卻是「無不滿足」。

二、雙因素理論的內容

Herzberg 認為，要人們擁有「滿足感」，必須具備「激勵」因素；相對地，「保健」因素只是消除人們的「不滿足感」而已。茲分述如下：

1. 激勵因素

(1) 成就（achievement）：是否如願達成自己目標，或成功地完成上司交代的任務。

(2) 認同感（recognition）：從他人處獲得印象，看看自己是否稱職或成功。

(3) 工作本身的挑戰性（challenge of the work itself）：所需工作一成不變，或是需要創新而富挑戰。

(4) 晉升（advancement promotion）：是否在一定的工作表現下，有一定的晉升機會，進而實現自己的理想。

(5) 個人與專業成長（personal or professional growth）：個人是否在人際關係或專業知識有所獲得，進而使自己更有價值。

2. 保健因素

(1) 公司政策與行政體系（company policy and administration）。

(2) 上級視導與監督（supervision）。

(3) 工作環境是否良好（work condition）。

(4) 與上級的關係（relationship with supervisors）。

(5) 與同僚的關係（relationship with peers）。

(6) 與部屬的關係（relationship with subordinates）。

(7) 個人生活（personal life）。

(8) 工作地位（status）。

(9) 工作之穩定度（security）。

三、雙因素理論的批判

1. 使用的是晤談法，無法類化至普遍的情境。

2. 忽略人性一項「好之則在我，壞之則在人」的人格特質。

3. 使用的晤談法在解釋或歸類時，會因個人主觀的看法而導致結果不同。

4. 職業不同的受試者，對激勵與保健因素何者重要的看法，有所差異。

四、Maslow 和 Herzberg 理論的異同
（一）相異之處

1. 滿足感的不同：Maslow 認為，層次中的每一種需求，皆可促動個人動機而導致滿足感；Herzberg 卻認為，只有激勵因素能達成相同效果。

2. 著眼點的不同：Maslow 理論針對人類動機探討普遍的原則；Herzberg 則多偏重工作環境的探討。

（二）相同之處

理論架構相近且互相支持： Maslow 需求層次的下層，與 Herzberg 的保健因素相當；Maslow 需求層次的上層，與 Herzberg 的激勵因素相當。

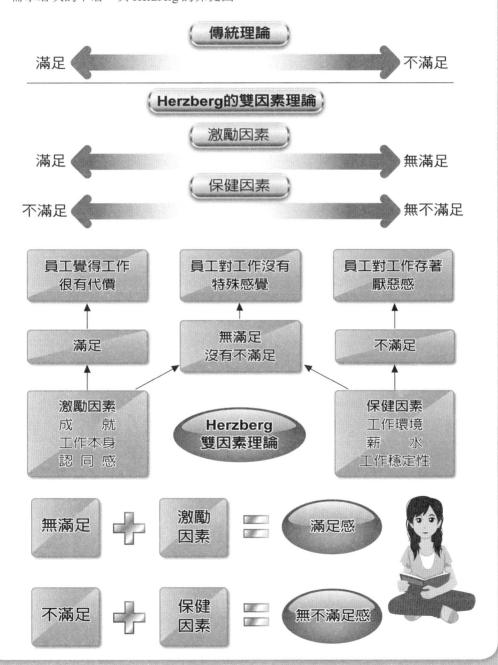

Unit **10-5**
動機平等理論

一、動機過程論的起源

　　從 1960 年代開始，興起另一種動機研究趨勢，主要是對於動機內容研究的本能驅力或需求層次著重在人的內在因素感到質疑，因而提出針對人類達成目標的心路歷程亦需加以探討，所以又稱為動機過程論。部分學者將動機過程論稱作激勵過程論或過程型激勵論。

二、平等理論的內容

　　平等理論又稱公平理論（equity theory），主要是由 Adams 所提出，其內容主要是工作者先審度自己的自我經驗、年紀、教育與地位程度等，再檢視所得報酬是否相當；如果發現不相當，或是別人所得比我為多時，工作者即試圖力求平衡。茲分述其內容如下：

　　1. 輸入：工作者對其工作付出的總和，包括年資、工作努力、教育程度、工作表現、工作難易度等。

　　2. 輸出：工作者從工作中所獲得的實際回饋，包括社會報酬、心理報酬、薪資、晉升機會等。

　　3. 參照基準：工作者當作參照比較的對象，包括同一團體或不同團體中，地位相同的成員、自己、組織結構的優劣。

　　4. 工作動機：工作動機的強烈，視工作者自我感覺不平等的程度而定。

三、不公平感的因應策略

　　當個人出現不公平感時，會採取的因應策略大致有以下四點：

　　1. 輸入的改變：包括：(1) 增加輸入量，加緊努力工作以獲得上級賞識；(2) 減少輸入量，產生酸葡萄心理，因而得過且過。

　　2. 輸出的改變：要求加薪、升遷或提高各種相關福利。

　　3. 比較基準的改變：降低比較的基準，以安慰自我。

　　4. 工作的改變：離開現有職位，另謀高就。

四、平等理論的啟示

　　1. 維持組織公平性：對於升遷或薪資，應有一套因應制度與配套措施。

　　2. 瞭解成員的感覺：平時應多走動、多觀察成員，並自行判斷同地位成員間其努力與報酬是否公平。

　　3. 注意薪資合理性：職位與薪資間的差距是否合理，如果差距過大，容易造成中低層職員的埋怨；差距太小，則不易激發成員對於加薪等實用性的動機。

　　此外，組織領導者必須注意成員的比較，包括「水平比較」與「垂直比較」兩種。水平比較即前述與參照基準的對象比較；垂直比較則是高低職位之間的報酬差異是否合理，亦即前述薪資之合理性。領導者必須小心檢視斟酌，以免產生成員的不公平感，間接影響組織成員的士氣與產出的效能。

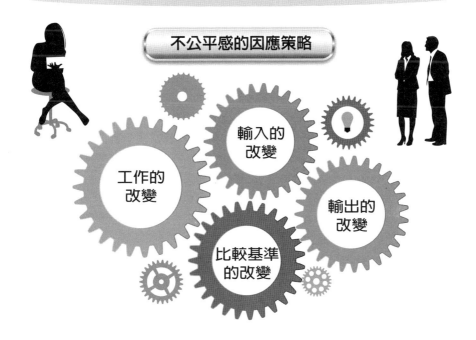

輸出
社會報酬
心理報酬
薪　　資
晉升機會

輸入
年　　資
工作努力
工作表現
教育程度

Adams的平等理論

不公平感的因應策略

工作的
改變

輸入的
改變

輸出的
改變

比較基準
的改變

平等理論的啟示

維持組織公平性　瞭解成員的感覺　注意薪資合理性

Unit 10-6
動機期望理論

一、期望理論的假設

Vroom 的 期 望 理 論（expectancy theory）的假設有三，說明如下：

1. 不同的個人，有不同的慾望、需要與目標。且隨著環境與自身經驗的增長，個人的慾望、需要與目標也隨之改變。

2. 人們在遭遇不同的抉擇時，常以「理性的態度」來處理。

3. 人們會自過去的經驗中學習。當需要其作抉擇時，是根基於「如果這樣行動（behavior），有多少希望（expectation）可以得到所要的結果」之程度而定。

二、期望理論的內容

期望理論的建構，是以吸引力（valence）、期待（expectation）、實用性（instrumentality）三者的關係為主。以下詳述期望理論之重要名詞如下：

1. 結果（outcome）：個人產生某種行為後的結果。

2. 吸引力（valence）：不同結果對個人的吸引力，對不同的個人有不同結果，吸引力大小是決定個人動機的第一步。

3. 期 待（expectation）：個人對於達到第一層結果（first-level outcome）的自信與機率。第一層結果是個人行動後的直接成果（direct consequence of one's behavior）。

4. 實用性（instrumentality）：係指因第一層結果產生後，第二層結果（second-level outcome）產生的機率。

理論上，Vroom 將「期待」視為是「行動－結果」的連結（action-outcome association），而「實用性」是「結果－結果」的連結（outcome-outcome association），也可以視為是第一層與第二層結果之媒合程度。

三、期望理論舉隅

一位中學主任想要晉升為校長，同時又希望所得能夠增加。但晉升為校長後就不能兼課，所得僅主管加給，比不上兼代課費。這時，這位主任就必須在兩種皆具備吸引力的狀況下作選擇。吸引力會產生所希望的結果，也會產生所不希望的結果。如果選擇考校長，則希望結果是可以實現理想與地位的提升，但相對地則是不可兼課，薪水會比當主任時少。而如果選擇繼續當主任，則所希望的與所不希望的恰恰相反。這位主任選擇了繼續實現理想，這時，吸引力會產生驅力，繼而開始思考成為校長的多種途徑：一是繼續於現職努力，並以此獲得校長青睞；二是回學校進修，取得較高學位後參加校長甄試。此兩種方法屬於第一層結果；而審度自我選擇哪一種方法，即屬於期待階段。這位主任選擇於現職努力以獲得校長青睞，為產生的第一層結果。接下來就必須看第二層結果發生的機率，即獲得校長青睞得以轉換歷練不同處室主任，以在校長甄試時加分，所發生的機率以決定其行動繼續與否。

上述即為 Vroom 的期望理論，也就是在「吸引力→期望→實用性」三者關係的連結，個人為達到目標所產生的動機與行為，要在這三者皆強烈時才會繼續。

四、Porter-Lawler 的期望理論

　　Porter-Lawler 的期望理論認為，個人工作上的動機與熱忱乃基於以下兩點：

　　1. 個人對所期待報酬的評量。

　　2. 個人在努力後，能夠確實獲得期待的報酬機率。

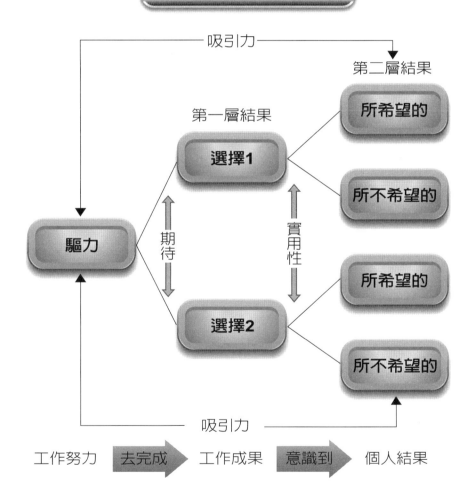

Vroom期望理論模式

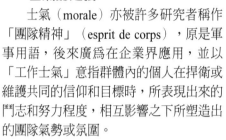

一、士氣的定義

士氣（morale）亦被許多研究者稱作「團隊精神」（esprit de corps），原是軍事用語，後來廣為在企業界應用，並以「工作士氣」意指群體內的個人在捍衛或維護共同的信仰和目標時，所表現出來的鬥志和努力程度，相互影響之下所塑造出的團隊氣勢或氛圍。

二、士氣的層面

士氣主要表現在以下三個層面：

1. 個人心理層面：個人在組織內，努力達成工作要求並獲得自我需求的滿足。

2. 團體目標層面：個人與其他成員合作達成組織目標時，所產生的團隊精神。

3. 組織互動層面：個人在達成組織目標後，因長期與組織成員互動，並與組織交互作用產生的休戚與共的感覺。

三、工作士氣的要點

工作士氣是一種積極奮發的工作態度，主要可分為五種：

1. 工作志趣：個人在組織中工作時，是否覺得組織工作是符合他的興趣而產生奮發的感覺。

2. 工作環境：組織所提供的工作環境是否良好，各項設備與設施能否讓人有安全感與隸屬感。

3. 工作能力：個人在工作上的專業能力，對工作如果能在游刃有餘之外，是否尚可創新工作內涵，使自己獲得成就感。

4. 領導方式：個人在組織工作時，上級主管是否有激勵同僑的方式或專業的態度，讓自己有所收穫。

5. 薪資待遇：組織所給予的薪資與福利制度是否完備，使得個人可以滿足經濟需求。

四、工作士氣之組成

Hoy & Miskel 對工作士氣的看法，認為其是合理性、認同感及歸屬感三者所組成的函數，而士氣的產生，主要有如下三個要素：

1. 組織目標（organizational goals）：個人的需求和動機如果與組織目標愈接近，則其認同感就愈高。

2. 需求與動機（needs and motives）：個人需求和動機如果與科層體制式的期望愈接近，則其歸屬感愈高。

3. 科層體制式的期望（bureaucratic expectations）：個人科層體制式的期望如果與組織目標愈接近，則其合理性愈高。

教師的工作士氣就是教師在工作上獲得成就感後，所散發出來的一種熱忱與自信心，這股力量會影響其工作氛圍，甚至組織氣候。至於如何提振教師的工作士氣，則有賴校長的領導作為。學校的教師占教職員工的大部分，因此，教師工作士氣會連帶地影響行政團隊與職員。校長必須多加使用各種動機激勵手段，促進學校教師的凝聚力，進而追求與維繫校園的永續發展。

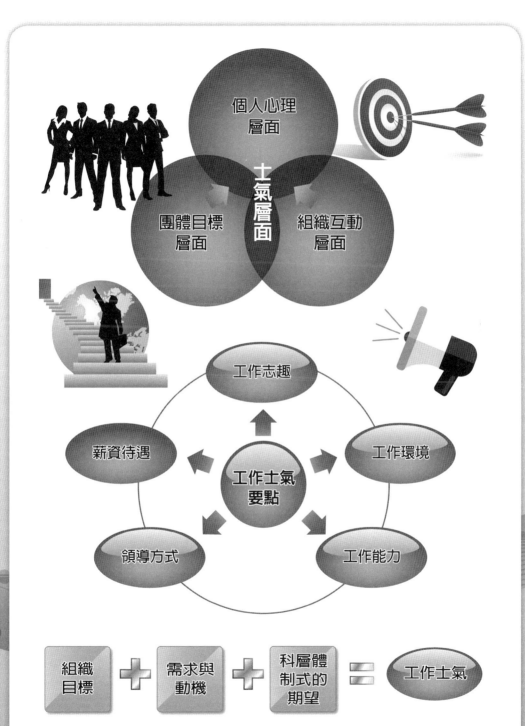

第 11 章

溝通理論

●●●●●●●●●●●●●●●●●●●●●●●●●●● 章節體系架構 ▼

●●●●●●●●●●●●●●●●●●●●●●●●●●●●●●●●●●

　　溝通，一如領導與動機，乃是教育行政重要的一環。有效的溝通如同組織的潤滑劑，可以幫助組織運轉無礙。反之，無效的溝通則會使組織受害，正如駕駛九五無鉛汽油的汽車，卻不慎加到九二無鉛汽油一般。

　　值此資訊爆炸的時代，教育行政人員重要的任務之一，即在控制資訊的流向。其需要從各類溝通管道獲取資訊，並善用溝通技巧傳遞資訊，以使組織內部成員獲得重要訊息，而避免道聽塗說。此類資訊的有效溝通過程對領導行為極為重要，領導者實需審慎應用。

Unit 11-1
溝通的層次與功能

一、溝通的定義

溝通的基本定義為，說話者傳達訊息給傾聽者，傾聽者予以回應的一種過程。但其實溝通的程度不止於此。尤其是如何做到「有效溝通」（effective communication），更是行政領導者不可或缺的基本能力。

二、教育行政溝通的定義

教育行政溝通係指教育行政人員透過各類的管道，將訊息以各種方式傳達給對方的歷程，並使對方有所回應，其目的在於達成預定的教育目標。

三、溝通的層次

學者 Powell 認為，人際溝通可以分為五個層次，茲分述如下：

1. 應景談話（cliché conversation）：泛泛之交或素不相識，目的在於「應個場面」，並無任何深入的溝通行為。例如：見面時只說「你好嗎？」等客套話。

2. 報告事實（reporting facts about others）：只是將發生之事實照本宣科，本身並無任何訊息提供給對方。例如：學校期末會議的簡報。

3. 提供意見（my ideas and judgments）：在一定範圍內，提供個人對某議題的看法，以供對方作為參考。例如：學校之各項會議，眾人各提所見。

4. 述說情感（my emotions and gut feeling）：願意進一步說出自我的情感、關心與憂慮。例如：跟學校輔導教師商談自己的問題。

5. 高峰溝通（peak communication）：溝通者之間完全開放與誠實，將自我的想法、感覺與需要和他人分享。例如：古代俞伯牙與鍾子期在音樂上心領神會之契合。

四、溝通的功能

學者 Scott & Mitchell 將溝通功能分為以下四類：

1. 感情的（emotion）：溝通形式是「以情動人」；目標是「使對方感到更被團體所接受，因之產生工作滿足感。」例如：校長以過來人的身分，安撫新進教師莫因一時的挫折而產生莫大壓力。

2. 激勵的（motivation）：溝通形式是「以影響力服人」；目標是「使對方能更效忠組織目標」。例如：校長以其職權制定校內獎勵措施，並鼓勵教師進修，以獲得更多專業知識。

3. 訊息的（information）：溝通形式是「以知識服人」；目標是「利用各種科技或方式得到訊息，以作為決策依據。」例如：校長希望行政電腦化，在作決定前先蒐集相關電腦與他校成果資訊。

4. 控制的（control）：溝通形式是「以權力懾人」；目標是「使對方充分瞭解其地位、責任與擁有之權威。」例如：校長召開擴大行政會議，會中明確指出行政成員的工作與職責。

人際溝通層次

高峰溝通

述說情感

提供意見

報告事實

應景談話

溝通功能

感情的　・以情動人

激勵的　・以影響力服人

訊息的　・以知識服人

控制的　・以權力懾人

Unit **11-2**
溝通的過程與模式

一、溝通的模式

溝通的模式種類繁多,較爲著名者分述如下:

(一)Lunenburg & Ornstein 雙向溝通模式

Lunenburg & Ornstein 認爲,溝通的歷程即是發訊者與收訊者之間訊息的交換,認爲發訊者將觀念或想法編碼,形成訊息,然後將它傳送給收訊者;收訊者收到訊息後進行解碼,然後採取行動。茲舉其要素如下:

1. 發展概念:個人或團體的觀念、訊息或資料逐步形成概念。

2. 編碼:將概念組織成一系列有意義的符號訊息。

3. 傳送:將訊息傳送出去,方法包括手機電話、視訊系統、團體會議等。

4. 接收:收訊者必須瞭解口語或書面訊息的直接或間接的意義。

5. 解碼:收訊者將所接收的訊息,解釋成自己所能知覺或理解的內容。

6. 行動:收訊者對於接受的訊息及對其理解的意涵,給予發訊者回饋。

(二)整合之溝通模式

1. 溝通的最基本模式,即包括「說話者」(speaker)、「傾聽者」(listener),以及「訊息」(message),屬於最爲陽春的溝通模式。

2.Lasswell 於是加上「媒介」(medium)因素,即「談話、報紙、電視、甚至是身體語言等。」

3.Shannon & Weaver 提出另外三個組成要素,其中包括來源(source)、終點(destination)與噪音(noise)。

4.Berlo 繼續在模式上加入「譯碼」(encoding)和「解碼」(decoding)。

5.Schmuck & Runkel 將溝通模式改爲「迴圈」(loop)形式,並加上「回饋」(feedback)因素。

6.Anderson 在討論溝通行爲時,加上了「文化環境」(cultural surround)因素。

二、整合溝通模式的特點

根據以上整合溝通模式之要素,其具有之特點如下:

1. 整個溝通過程是循環且雙向的。

2. 譯碼與解碼乃是對訊息處理的方式。

3. 傳遞過程中,出現的噪音會使訊息失眞。

4. 溝通形式同時受到大環境與小環境的影響。

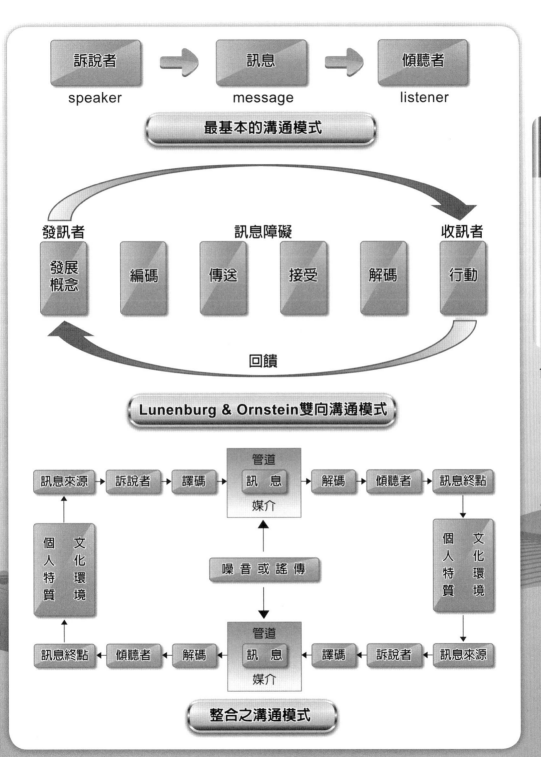

Unit 11-3
組織溝通的定義與形式

一、組織溝通的定義

在特定組織內的溝通行為，其形式可為正式或非正式，其方向為平行、垂直或交錯縱橫。

二、組織溝通的特性

學者 Gouldhaber 曾對組織溝通的特性加以研究，茲分述如下：

1. 組織溝通的發生處所是一「開放且複雜的系統」，兩者之間互相影響。

2. 組織溝通牽涉到訊息及其流動、目的、方向與傳播媒介。

3. 組織溝通也牽涉到人員的能力、感覺、相互之關係與技能。

此外，Simon 也肯定組織溝通的重要地位，將溝通與影響力（influence）、協調（coordination），同列為組織建構的三要素。Likert 對於組織溝通的理念更上一層，提出「連結別針」（link-pin）的想法，認為個人的參與可促成其更加合作與調適，並減少其與團體之間的衝突。此個人可為上司或下屬的雙重身分，調和其上和其下的想法，並達成共識。

三、組織溝通的形式

1. 鏈型網路（chain）：溝通方向只能上或下，不能平行或跳級進行。例如：紀律嚴明的軍隊；一貫作業的生產線。

2. 輪型網路（wheel）：溝通之進行必須完全依賴中間人，周邊成員彼此並無管道聯繫。例如：各連鎖店分店與總店之間的運作。

3. Y 型網路（Y network）：最上之兩個部屬分別獨立報告其主管，然後再層層向上，基本上是一種「官僚體制」的變化型態。例如：雙副校長制；古代的布政使與按察使制。

4. 圈型網路（circle）：溝通之運作為其向鄰近之人傳遞訊息，但其他人彼此之間卻無聯繫。例如：辦公室的謠言傳播。

5. 星型網路（star）：又稱為「全方位型網路」（all-channel），允許每個成員之間彼此毫無禁忌地傳遞訊息。例如：專家組成的委員會，成員自由發表意見。

四、組織溝通成效的變數

在評鑑各溝通網路之成效時，研究者往往採取問題解決的模式。茲將牽涉溝通成效的變數，分述如下：

1. 速度（speed of performance）：解決問題所花的時間。

2. 正確性（accuracy）：所犯的錯誤數目。

3. 成員工作滿意度（job satisfaction）。

4. 工作轉換之適應性（flexibility to job change）：成員轉換至另一工作時，適應的速度。

5. 獲得性（availability）：獲得所需訊息的容易程度。

6. 一致性（uniformity）：指所需資訊是否多樣的程度。

各種溝通的類型

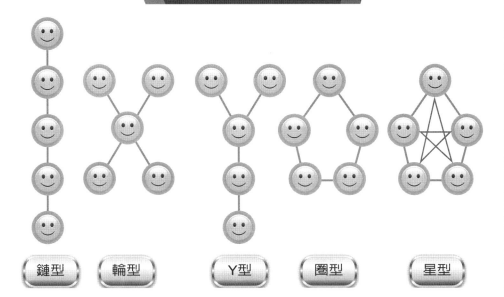

| 鏈型 | 輪型 | Y型 | 圈型 | 星型 |

溝通成效變數

- 速度
- 正確性
- 成員工作滿意度
- 工作轉換適應性
- 獲得性
- 一致性

Unit 11-4
組織溝通的類型

一、組織溝通的方向

組織溝通的方向，大致可以分爲下列三種：

1. 垂直溝通（vertical communication）：多發生在科層體制中，可分爲「上對下」溝通（down-the-line）與「下對上」（up-the-line）溝通兩種。

2. 水平溝通（horizontal communication）：多發生在相同層級的同僚間流動。

3. 葡萄藤式溝通（grapevine communication）：又稱爲「小道溝通」，乃是屬於非正式的溝通，與平行溝通多半皆是屬於非正式的溝通。

二、上對下溝通的內容

學者 Katz & Kahn 發現「上對下」的溝通訊息可分爲五種：

1. 工作指令（job instruction）：說明如何完成特定工作。

2. 工作緣由（job rationale）：說明一個任務與其他工作的關聯性與重要性。

3. 工作程序（job procedures）：說明在組織中，基本的遊戲規則與層級關係。

4. 回饋（feedback）：告訴工作者，其在工作上表現的優劣。

5. 目標之灌輸（indoctrination of goals）：灌輸組織成員有關組織之基本目標，並說明個人目標與基本目標的關係。

三、下對上溝通的內容

「下對上」的溝通也是組織垂直溝通的主要部分，其功能則多限於「報告與回饋」，其最終目的在「鼓勵下屬發表意見並參與決策」，此對組織成長極爲重要。「下對上」溝通的內容如下：

1. 業務報告：例行性業務執行的情形或工作成果的報告。

2. 請示上級：成員請求上級或主管單位說明其所欲瞭解的工作內容。

3. 工作建議：成員在完成工作之後，對工作內容或過程作改進的建議。

4. 氛圍感受：成員向上級傳達對工作或整個組織的感受和態度。

四、水平溝通

屬於組織中同一層級的成員所作的橫向訊息傳送，其內容如下：

1. 協調工作：成員共同協調策劃工作內容，並彼此執行配合。

2. 分享訊息：成員彼此分享工作上的方法與經驗。

3. 解決衝突：成員共同對彼此的衝突與對立進行協調處理，以消弭紛爭。

五、葡萄藤式溝通

葡萄藤式溝通幾乎以非正式的私下傳遞訊息爲主，有些學者會稱其爲小道溝通或馬路傳聞，又稱爲非正式溝通，其內容如下：

1. 非正式組織主要訊息流動方式。

2. 發生在各種正式會議場合之外。

3. 訊息傳遞速度飛快，無孔不入。

4. 訊息內容或眞或假，無所查證。

5. 偏向最近發生的特殊問題討論。

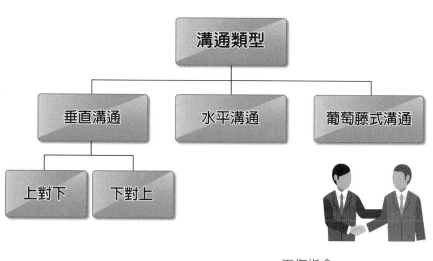

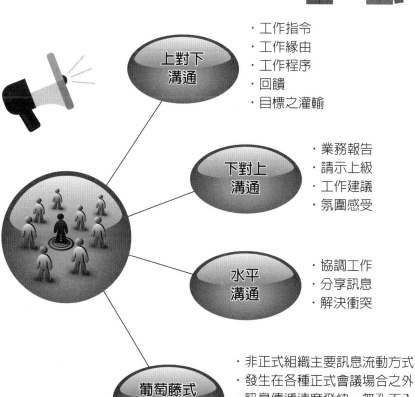

- 工作指令
- 工作緣由
- 工作程序
- 回饋
- 目標之灌輸

上對下溝通

- 業務報告
- 請示上級
- 工作建議
- 氛圍感受

下對上溝通

- 協調工作
- 分享訊息
- 解決衝突

水平溝通

- 非正式組織主要訊息流動方式
- 發生在各種正式會議場合之外
- 訊息傳遞速度飛快，無孔不入
- 訊息內容或真或假，無所查證
- 偏向最近發生的特殊問題討論

葡萄藤式溝通

溝通類型

垂直溝通　水平溝通　葡萄藤式溝通

上對下　下對上

Unit 11-5
組織溝通的媒介與障礙

圖解教育行政理論

164

一、組織溝通的媒介

一般組織溝通媒介可分為以下兩種：

1. 語文（verbal）：常以語言和文字為媒介。其運作方式有四種：

(1) 當面交談。

(2) 文書往返。

(3) 組織公布欄。

(4) 電話、電腦、傳真。

2. 非語文（nonverbal）：即臉部的表情和聲音的高低。可經由以下三種方式運作：

(1) 環境的配置（proxemics）：在組織溝通的實際空間中，因配置的不同而傳達特殊的訊息。此即「人際距離學」。例如：法官審問犯人用的房間，充滿了濃厚的官僚氣息。

(2) 身體語言（kinesics or body language）：組織成員身體各部分的變動，皆傳遞不同的訊息。此即「動作學」。例如：臉部表情、講話姿勢、身體扭動，乃至於雙目接觸。

(3) 聲音語言（paralanguage）：使用語言時的聲調和語音變化。此即「副語言」。例如：有些人憤怒時多半聲調會升高，有些人則是突然陷入可怕的寂靜中。

二、組織溝通的障礙

在過程中，組織溝通的障礙主要有五種：

1. 資訊的過濾（data filtering）：在溝通的過程中，所傳達的訊息被刻意地檢選而造成扭曲或保留的現象。

2. 時間壓力（time pressure）：為了即刻作出決定以達成目標所造成的壓力。

3. 官樣文章與術語（officialese）：各領域中的專業術語與專有名詞充斥，外行人可能完全聽不懂。

4. 個人知覺訊息的差異（individual perception）：個體因年齡、文化與教育程度的不同，而造成對同一種訊息的詮釋和看法有所差別。

5. 資訊過量（overload）：訊息太多且繁雜，以至於收訊者無法接收訊息或作立即的處理。

三、資訊過量處理方式

Miller 曾提出面對資訊過量時，可以作出的七種處理，茲分述如下：

1. 刪除（omitting）：丟棄或忽略部分資訊。

2. 錯誤（erring）：處理資訊失當，造成認知上的錯誤。

3. 排序（queuing）：放慢處理資訊的速度，一件一件來。

4. 過濾（filtering）：將不重要或較無關聯的訊息過濾掉。

5. 相似化（approximating）：將類似的資訊分門別類，以作特別的處理。

6. 使用多重管道（employing multiple channels）：將資訊分派到不同的管道中。

7. 逃避（escaping）：受不了此壓力，乾脆離開現場。

組織溝通媒介

語文	非語文
・當面交談 ・文書往返 ・組織公布欄 ・電話、電腦、傳真	・環境的配置 ・身體語言 ・聲音語言

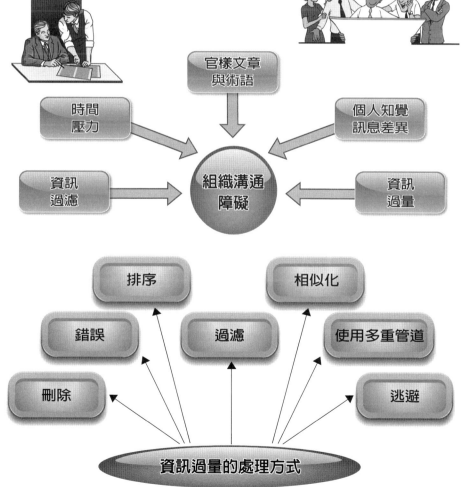

官樣文章與術語

時間壓力

個人知覺訊息差異

資訊過濾

組織溝通障礙

資訊過量

排序

相似化

錯誤

過濾

使用多重管道

刪除

逃避

資訊過量的處理方式

Unit 11-6
組織溝通的促動與改進

一、組織溝通的促動

　　現今教育改革方興未艾，學校家長會、民間教育團體，以及教師工會等利益團體之出現，無不給予教育機關首長莫大壓力。尤其是現職校長，在遴選時必須瞻前顧後，以免受人議論。在此種環境氛圍下，溝通各方意見以達成共識，實為行政運作之首要任務。

　　學者 Lipham 等人曾研究高成就與低成就校長的非語文溝通，發現高成就校長具有三種非語文溝通特質，茲分述如下：

　　1. 表現出熱絡的溝通意願。

　　2. 坐在客人側邊而非面對面。

　　3. 校長室較為安靜且令人感到舒適。

二、組織溝通的原則

　　教育組織的溝通原則大致有五種，茲分述如下：

　　1. 溝通時具有同理心：此即所謂將心比心，使對方更能接受。先認清溝通對象，如此才能站在其立場互相交流。

　　2. 統整資訊的流向：以分層負責的方式，將資訊流向各負責部門，最後摘要向首長報告即可。

　　3. 時間的有效利用：許多資訊由於時間壓力而被忽略，因此適當利用時機極為重要。

　　4. 注重回饋的原則

　　(1) 對事不對人。

　　(2) 應力求明確，不可太籠統。

　　(3) 應徵詢對方是否瞭解己意。

　　(4) 回饋時間應有所選擇。

　　5. 加強傾聽的能力：參與溝通者不但要表達，更需注意傾聽對方的訊息。

　　(1) 適度身體移動，以表示自然的態度。

　　(2) 身體微微傾向對方以表專注。

　　(3) 保持適當的眼部接觸。

　　(4) 以臉部表情表示你在用心傾聽。

　　(5) 加入聲音的回應。

三、學校實務的溝通原則

　　教育行政者，尤其是身為學校領導者的校長，對於現代訊息流通的重要性，必須採取洞燭機先的行動。在學校實務上，溝通可以秉持以下五種原則：

　　1. 瞭解學校正式與非正式溝通的管道：學校中，目前重要訊息是以何種方式流通，對學校的利弊為何？

　　2. 瞭解學校中是否有溝通障礙：教職人員辦公室的位置是否影響其互動？溝通的形式是否需要檢討？

　　3. 何種溝通媒介最為有效：口語、文字或是肢體語言等媒介，何者是屬於較有用的溝通方式？

　　4. 瞭解學校文化與成員溝通習慣：學校是屬於保守組織還是開放組織，有些話可以明著講或是需要私下解決？

　　5. 追蹤溝通後的執行狀況：學校各種會議進行完畢後，必須採用各種溝通方式來瞭解目前執行狀況並作追蹤，以作為檢討改善之依據。

表現出熱絡的溝通意願

坐在客人側邊而非面對面

校長室較為安靜且令人感到舒適

高成就校長溝通方式

溝通時具有同理心

統整資訊的流向

組織溝通原則

時間的有效利用

注重回饋的原則

加強傾聽的能力

學校實務的溝通原則

瞭解學校正式與非正式溝通的管道	瞭解學校中是否有溝通障礙	何種溝通媒介最為有效	瞭解學校文化與成員溝通習慣	追蹤溝通後的執行狀況

第 **12** 章

決策理論

　　只要有組織，必定有領導者的存在，其主要功能之一，即在針對組織大小事務進行決策。決策包括有例可循的例行公事，亦涵蓋如燙手山芋般亟需處理之問題。實務上，決策之良窳，對組織的盛衰具有一定影響力，領導者不可等閒視之。

　　學校雖不如商業公司，必須視市場變化當機立斷，但卻仍需在一定時間內針對問題進行決策。對於環境中各種變數加以反應的行為，即屬廣義的決策行為，其適切與否，對於教育機構的運作影響深遠。作為領導人，必須充分利用各種資訊，以確保作出有效決策，以免產生爭議。

Unit 12-1
教育決策的要素與種類

一、教育決策的定義

教育決策又稱為教育決策行為，係指教育領導人為達到特定教育目標，擬定多項教育方案，並從中挑選最適合方案以執行之過程。決策行為是一種「作決定的動態歷程」，其中包括「作決策」（policy-making）與「作決定」（choice-making）。

二、教育行政決策的定義

教育行政決策係指教育行政人員在多項教育相關方案中，折衝樽俎各利益團體之意見，並參考作決定的原則與技術後，選出最適合的教育方案執行的動態歷程。教育行政決策即強調動態的教育決策執行的行為。

三、教育行政決策的特性

教育行政決策屬於教育決策的一環，大致有以下四個特性：

1. 目標導向：決策制定的選擇，最重要的就是達成特定教育目標，因此具有目標導向。

2. 策略多樣：決策即是從眾多方案策略中，選擇出最能符應大眾需求之最佳策略，因此具有策略多樣導向。

3. 最利選擇：決策一本目標導向，制定出許多可供實行之策略，並從中選取最佳方案執行，因此具有最利選擇導向。

4. 時空情境：決策必須考量當時的社會環境背景，不然必定遭致利益團體反對而使決策窒礙難行，因此具有時空情境導向。

四、教育行政決策的要素

教育行政決策的要素主要有六項，茲分述如下：

1. 決策規劃者：決策規劃者可能是組織內外裡的領導者、幕僚或利益團體等。

2. 決策決定者：即作出最後決定的人，可能是領導者一人決定，亦可能是多數決。

3. 決策執行者：大部分以第一線基層官僚（教師或行政人員）為主要執行人員。

4. 決策訊息：決策的訊息決定制定或選擇最佳決策的正確性與否。訊息愈充足，所制定之決策就愈能夠解決問題或達成目標。

5. 決策目標：決策目標就是作決策時最終想要達到的目的，其所達成的目標涵蓋解決相關教育問題。

6. 決策回饋：選出最佳策略執行一段時間後，將可以視其效果作為回饋，以決定下一階段決策規劃制定之依據。

五、教育行政決策的種類

教育行政決策的種類與一般行政相似，大概可分為四類：

1. 決策主體：可分為組織、小組以及個人決策三種。

2. 決策來源：可分為中介性、上訴性，以及創造性決策三種。

3. 決策內容：可分為政務性與事務性決策兩種。

4. 決策訊息多寡：可分為確定性、冒險性與不確定性決策三種。

目標導向

時空情境

教育行政
決策特性

策略多樣

最利選擇

決策者

決策
規劃者

決策
決定者

決策
執行者

決策訊息

決策目標

決策回饋

決策
種類

決策主體

1.組織決策
2.小組決策
2.個人決策

決策來源

1.中介性決策
2.上訴性決策
3.創造性決策

決策內容

1.政務性決策
2.事務性決策

訊息多寡

1.確定性決策
2.冒險性決策
3.不確定性決策

Unit 12-2
教育決策的類型

圖解教育行政理論

一、教育決策的類型

學者 Estler 依據「情境」，將教育決策分成下列四種主要類型，茲依其定義、基本假定、做法，以及例子，分述如下：

（一）理性式決策

1. 定義：解決已有「明確目標」與「標準程序」的議題。

2. 基本假定：目標明確、科層體制、溝通管道流暢、組織緊密結合。

3. 做法：(1) 明確訂定組織目標；(2) 根據現有資源，發展可行策略；(3) 評估各個策略的優缺點，選擇最佳策略執行。

4. 例子：(1) 教師排課時數；(2) 科目的安排；(3) 薪水制度。

（二）參與式決策

1. 定義：解決必須共同參與以形成共識的議題。

2. 基本假定：專業知識、共同決定、形成共識。

3. 做法：注重團體共識的形成。

4. 例子：(1) 選擇教科書；(2) 教師考績辦法之擬定。

（三）政治式決策

1. 定義：解決具有高度爭議性的議題。

2. 基本假定：決策受「內部結構」和「外部環境」同時影響、目標模糊、利益團體林立。

3. 做法：透過「協商」與「討價還價」，協調出一個各方勢力皆能同意的決策。

4. 例子：(1) 實施教師專業評鑑的方式；(2) 教師考績制度之實施。

（四）無政府式決策

1. 定義：解決目標模糊、缺乏準則卻又需當機立斷的議題。

2. 基本假定：目標模糊、資訊不足、結構鬆散、立即決斷。

3. 做法：在特定時限內，憑直覺與經驗作出非理性的決定。

4. 例子：教師在教室的上課情形。

二、決策行為類型相關研究

決策種類會依其形成原因作分類，依據 Lipham, Rankin, & Hoeh 等人以決策性質作為區分指標，茲分述如下：

1. 例行式決策：學校中最常出現的決策方式，所需解決的問題，泰半以前曾發生過，所以，學校已經建立一套應付方法。例子：因應校園性侵害及性騷擾所召開的性別平等委員會議。

2. 啟發式決策：此種決策方式所解決的問題，多半是較開放且牽涉範圍較廣。例子：針對學校未來課程發展方向所召開的課程發展委員會。

3. 和解式決策：決策多半發生在校內兩派人馬對尖銳議題立場不同。例子：彈性課程的配課時數，在學科與非學科兩派人馬的意見。

理性式
決策

無政府式
決策

決策
類型

參與式
決策

政治式
決策

啓發式決策

例行式決策

和解式決策

決策行為
類型

Unit 12-3
理性決策理論

一、理性決策的基本假設

Simon 的決策理論又被稱為「理性決策理論」，乃因其理論植基於「理性的基礎」上。其理論基本上有兩個假設，說明如下：

1. 決策本身是具備有邏輯條理的理性活動。

2. 決策中的每個步驟與活動都被有次序的執行，有其一定的流程。

二、理性決策基本主張

Simon 批評傳統行政學只注重「執行」而忽視「決策過程」，因此力主「決策過程」的重要性，主張其應包括下列三個活動：

1. 蒐集情報活動（intelligence activity）：與「背景調查」相似，主要是對影響決策的各種變數加以瞭解。例如：推動一種新式教學法時，就必須將經費、師資、設備與課程設計等變數列入考量。

2. 設計活動（design activity）：利用各種所蒐集的資訊，設計出各種策略以應付不同情況。例如：一種新式教學法可依經費的多少，設計出多少種實施形式。

3. 選擇活動（choice activity）：根據所設計的各種策略，選擇一個最能完善所有變數之優缺點的策略，並實行之。例如：「兩害相權取其輕，兩利相衡擇其重」的變通式教學法。

三、對 Simon 理論的批評

Simon 學說未能產生預期功用的主要原因有二，茲分述如下：

1. 決策的環境情境未能符合其假設。

2. 理性未必全取決於決策行為與目標之間的關係。

四、理性決策的步驟

Simon 的理性式決策有六個步驟，茲分述如下：

1. 界定問題。
2. 排列目標。
3. 列出決策方法。
4. 評估可能結果。
5. 權衡結果之優劣。
6. 作出最佳決策。

五、教育機構的特性

與其他機構（如商業公司）比較，如學校此類教育機構，具有四點特性，茲分述如下：

1. 目標模糊：學校有許多核心理念與口號標語，無法量化成精確的執行目標與指標，以作理性的執行。

2. 結構鬆散：學校的組成分子間極少聯繫，教師一進教室便自成王國，因此結構鬆散，未能如企業組織般正式化以理性地推動制度。

3. 勞力密集的服務事業：教育牽涉極廣，作為義務教育的學校，因為沒有選擇學生的權力，無法如一般商業組織的目標般單純，能夠理性地推動各期程計畫。

4. 產品效果難以立現：教育乃「百年樹人」的大計，其功效需要長時間才能看出，使得未立見功效的學校常被非理性地指為決策錯誤，進而導致學生流失。

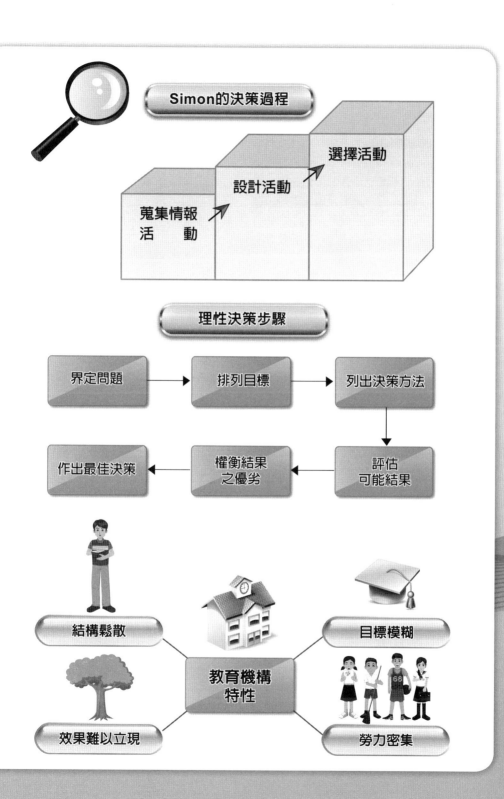

Simon的決策過程

選擇活動

設計活動

蒐集情報
活　　動

理性決策步驟

界定問題 → 排列目標 → 列出決策方法

列出決策方法 → 評估可能結果 → 權衡結果之優劣 → 作出最佳決策

結構鬆散

效果難以立現

教育機構特性

目標模糊

勞力密集

Unit 12-4
系統理論

一、系統理論的基本主張

　　Kaufman 與 Simon 的決策模式極為相似，唯一的不同之處在於，Kaufman 的模式多了最後一個評鑑與反饋的階段，在決策制定的過程中較為完整。Kaufman 的系統理論（system theory），分析教育決策過程有五步驟，說明如下：

　　1. 指出問題（identifying the problem）：明確地指出決策行為所要解決的問題。

　　2. 決定可行策略（determining alternatives）：應作「目標分析」與「背景分析」，根據所訂目標與背景資料，訂出解決問題的策略。

　　3. 選擇解決的策略（choosing a solution strategy）：利用各種分析方法瞭解各策略的優缺點。例如：Swanson 的成本利益分析（cost-benefit analysis），即常被教育決策者所用。

　　4. 執行所選擇的策略（implementing the solution strategy）：按照原定計畫細節執行所決定的策略，如有意外發生則必須修正部分策略，並應先考慮已預備的應變方法。

　　5. 評鑑效率（determining effectiveness）：在策略執行後，應檢視其產出是否符合當初所訂之目標，有何差別？決策者必須針對上述問題加以思考，並利用所得之「反饋」（feedback），作為以後決策的參考。

二、Lipham 等人的教育決策模式

　　與 Simon 和 Kaufman 的理論相比，Lipham 等人之模式加入個人價值觀與知覺印象的因素，已頗有參與式決策的色彩，其決策過程的實施步驟如下：

　　1. 確認問題（identify problem）：利用不同管道以瞭解問題所在。

　　2. 定義問題（define problem）：確認確實有問題存在後，必須根據問題內容訂立處理程序，並釐清相關變數。

　　3. 制定與評估策略（formulate and weigh alternatives）：在參考所有相關資訊後，制定應對問題的策略與替代方案。

　　4. 選擇最佳策略（make choice）：從所有策略中選取最適合的策略，亦即需考量最大有利與最小傷害程度。

　　5. 執行與評鑑（implementation and evaluation）：一經選出之策略就必須加以執行，其後並依其成果予以評鑑。

　　理性式決策者，除了按照理性決策歷程進行蒐集資料、編寫策略與選擇策略之外，更應考量組織文化之特性。尤其是教育組織具有目標模糊、結構鬆散等特性，更是教育決策者所應重視的。因此，重視組織文化的共識決定，亦即參與式決定，才會在理性式決策之後粉墨登場，造成極大的迴響。

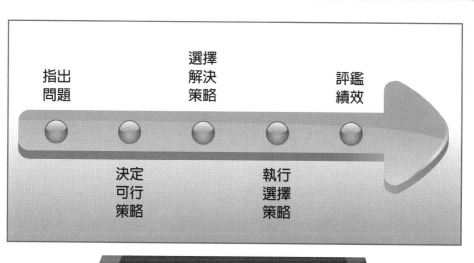

指出
問題

選擇
解決
策略

評鑑
績效

決定
可行
策略

執行
選擇
策略

Kaufman系統理論決策步驟

確認
問題

制定
評估
策略

執行
與
評鑑

定義
問題

選擇
最佳
策略

Lipham之決策步驟

Unit 12-5
參與式決策

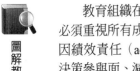

一、參與的原則

教育組織在民主開放的時代，領導者必須重視所有成員的共同參與和負責，此因績效責任（accountability）實乃擴大了決策參與面、減少衝突發生可能性的最佳方法。那需要成員參與的時機為何？綜合學者提出的看法，茲分述如下：

1. 相關原則：如果決策內容與教師權益相關甚大，則應讓其參加並表達意見。例如：排課、管教學生的方式、在職進修的問題。

2. 能力原則：教師參與決策的條件除有興趣外，還應有專業能力與專業知識來貢獻所長。例如：修訂各領域課程時，各領域代表教師出席發表適當的專業建議。

3. 權限原則：參與決策之教師，最好對所決定的事具有管轄權，否則興趣再高、專業能力再強，對於將來決定的執行沒有影響力，也是白費。例如：數學課程經數學科教師討論決定後，由教務處執行時卻全然走樣。

二、Bridges 等人的參與式決策方式

學者 Bridges 認為按照「參與程度的深淺」，可分為五種參與決策方式：

1. 討論照會（discussion）：領導者告知有關成員自己要對某事下決定，此種照會並無徵詢成員意見。

2. 尋求意見（information seeking）：行政者主動徵詢員工的意見，以幫助自己作出更好的決定。

3. 民主集權式（democratic-centralist）：領導者向員工解釋問題，並經討論後，得到員工的意見與建議。

4. 國會投票式（parliamentarian）：將最後的決策權給予參與的全體成員，由多數人意見作成決議。

5. 參與者共決（participant-determining）：將決定權賦予參與者，並要求達成共識（consensus）後作出決定。

三、成功決策者的條件

綜合學者專家對於教育決策者所需具備的條件，大致有以下四點：

1. 瞭解決策種類：決策者應具備辨識能力，按不同性質的決策予以適當處理。

2. 決定所需資料的性質與數量：決策者必須視問題的性質而尋求所需之訊息，並依時間之緩急，決定資訊的數量。

3. 決定適當的人員參與決策：有些決策需要多數人意見，有些卻必須由決策者當機立斷、單獨決定。

4. 預測結果：決策者要能預測執行後的成果與利弊得失。

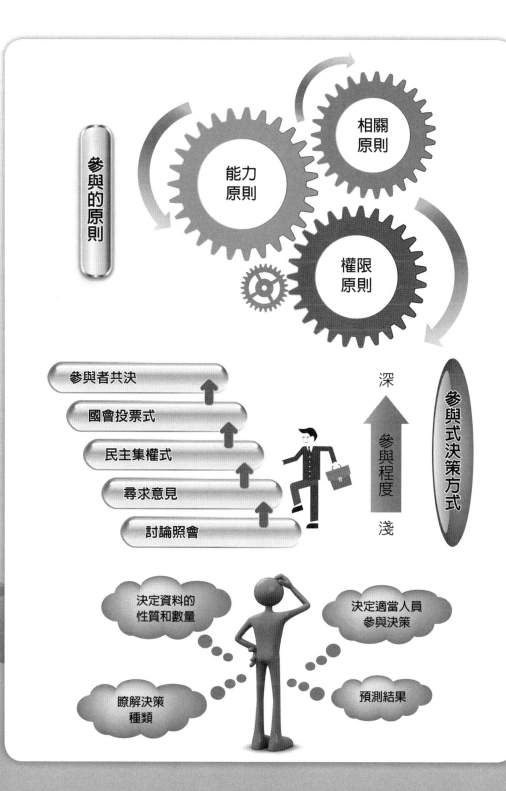

第 13 章

變革理論

　　臺灣自 1990 年代以來，各種教育改革此起彼落。然而，因之而起的反對聲浪也是不絕於耳。凡此種種，均顯示進行教育變革的困難性與爭議性。基本上，教育變革總是隨著時代浪潮起舞，其趨勢攸關教育運作之導向。

　　無可避免地，學校組織運作也不斷進行改變。在各利益團體的壓力下，滿足最多人之需求的變革，即被視為是有效的變革。變革有許多策略，領導者需視所處情境擇而用之。影響變革的變數甚多，變革若要成功，則天時、地利、人和等變項皆需齊備。畢竟，行政講求實效，無法接受紙上談兵的夢想家，所需要的乃是能夠盱衡局勢並作通盤考量的實踐家。

Unit 13-1
教育變革的定義與步驟

一、變革的定義

學者 Miles 將變革（change）定義爲：「一種深思熟慮的、新奇的、特定的改變，其實施將使組織更有效率以達成目標。」而教育行政所關注於變革的，乃是如何經由計畫的擬定、制定策略，以促使教育組織更加具有績效的改變過程。變革的定義有三種特性，說明如下：

1. 有計畫且設有特定目標：任何自然的、臨時起意的或隨機的變遷，皆不包含在內。

2. 包含一套特定執行程序與行動：在本計畫中，先擬定時間表，然後設計各個執行行動。

3. 具有新的理念或做法，以期達成目標：新理念或新科技的產生可以來自組織之外，也可以因自我創新的要求，由組織內成員自行發展而出。

二、教育變革的基本步驟

（一）變革需要性評估

1. 檢視目前所處教育組織系統是否需要改進？

2. 對於所需變革之問題進行研究，並提出解決方案。

（二）各影響變數評估

1. 瞭解組織內各次級系統之運作。

2. 放出變革的消息，並以各種溝通方式讓成員瞭解變革的好處。

3. 以問卷或訪談方式，分析各影響變數，進一步決定是否實施變革。

（三）團體成員的指引

1. 依據需求組成各變革相關小組，以

決定執行之程序與細節。

2. 開辦說明會或提供成員進修管道，以使成員瞭解即將使用的新科技與新方法。

3. 檢視持反對立場成員的意見，並視情況決定是否採納並修正實施變革的程序。

（四）實施變革

1. 提供必須的資源與設備，以配合變革實施。

2. 變革實施之初，必定有陣痛期，宜作好隨機應變的心理準備。

（五）評鑑與制度化

1. 變革實施後，利用各種評鑑方法以瞭解其績效與缺點。

2. 根據評鑑結果，決定變革是否應繼續長期實施。

3. 如果變革成效顯著，則可將其制度化而成爲日常教育運作的一部分。

三、東亞國家進行變革的潛在阻力

爲瞭解變革的阻力，需先瞭解教育體系的特徵。檢視東亞諸國教育體系，可發現四種特徵，隱含著變革的阻力，茲分述如下：

1. 實施教育中央集權：中國大陸、日本、南韓與臺灣，均有類似教育部的機構，導致權力集中於中央。惟中央機構常人手不足，且牽涉之利益團體甚眾，變革等於自找麻煩。

2. 研究發展能力闕如：除頂尖大學之外，一般大學或中小學每日爲例行公事已疲於奔命，無暇顧及進行變革所需的新思

維與新方法。

3. 組織發展趨於靜態：公立學校教師與職員工作多半高枕無憂，學生學習成就再差也無法影響其薪資之調升，因此不變革也無傷大雅。

4. 組織型態趨於鬆散：上有政策下有對策，儼然是無政府的鬆散狀態，發動變革成效自然大打折扣。

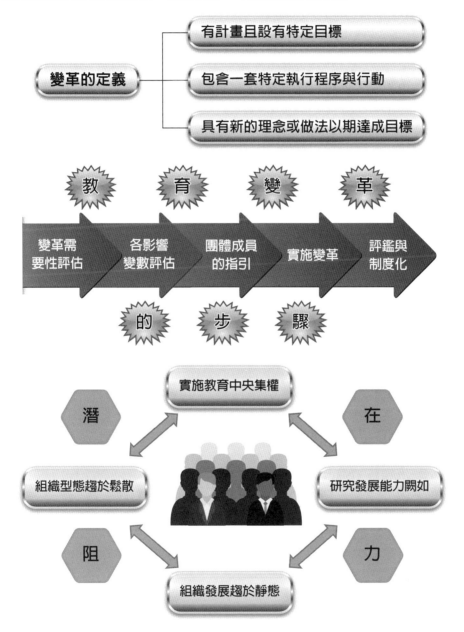

Unit 13-2
教育變革的策略

一、Clark & Guba 的變革策略

其依「變革者與被變革者的關係」，將之分為以下七種策略：

1. 價值策略（value strategies）：假定被變革者具有「專業素養」，因此以「說服」的方式，使其與變革者持相同之價值理念，因而加入變革計畫。

2. 理性策略（rational strategies）：假定被變革者「具有理性」，因此「出示實證資料」，使其作出不變革則組織將受損的判斷，因而助以一臂之力。

3. 教育策略（didactic strategies）：假定被變革者「有意願但無足夠之專業知識與經驗」，因此「經由教育的過程」，希望藉此使被變革者產生動機而加入，並表現積極。

4. 心理策略（psychological strategies）：假定被變革者「具有某些心理特徵」，因而邀其加入計畫，希望在其中更能激發其潛力，作出顯著的貢獻。

5. 經濟策略（economic strategies）：以「利益誘惑」被變革者，使其相信如加入則有額外利益，反之便可能失去既有資源與利潤，被變革者因而不得不就範。

6. 政治策略（political strategies）：令被變革者相信，變革之實施與否，對其影響頗大，也許是職位調動，或是權利喪失，使其不得不慎重考慮是否要加入計畫。

7. 權威策略（authority strategies）：變革者以其權威，下令或迫使被變革者就範，完全是強迫而不留餘地的。

二、Getzels 的變革策略

Getzels 以「引起變革的誘因」作分類，依其實施原因與例子，茲分述如下：

1. 強迫式的變革（enforced change）：實施原因在於各利益團體或是上級政府的壓力，往往非十分情願。例如：最高法院判體罰有罪後，學校作某些程度的改變。

2. 權宜式的變革（expedient change）：實施原因為逃避作全面性的改變而做做樣子。例如：家長認為應能力分班，校長基於考量，實施能力分組。

3. 本質上的變革（essential change）：實施原因為來自內部的動力，基於專業知識與環境的需求。例如：一群山地國小教師為提高學生學習動機，自願設計課程與教具，以幫助弱勢學生。

三、Chin & Benne 的變革策略

檢視「美國歷年之變革誘因和方式」後，將其歸納為以下三類：

1. 實證理性策略（empirical-rational strategies）：假設團體成員具有一定程度之理性，在提供實證資料後，會因而引導其對組織的積弊進行變革。

2. 權力強制策略（power-coercive strategies）：實施策略者擁有權力，以制裁的方式進行變革，違逆者則會失去其原有之政治或經濟利益。

3. 規範再教策略（normative-reeducative strategies）：主張變革必須透過再教育的過程，以重塑並重新形成組織成員共同的文化，才能獲得最後成功。

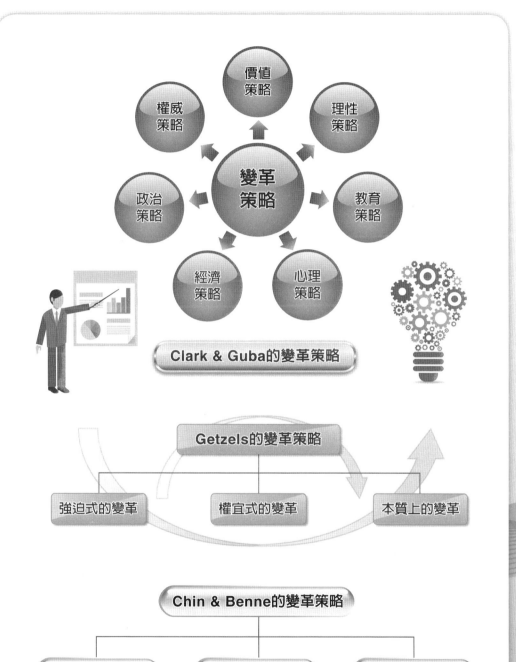

價值
策略

權威
策略

理性
策略

政治
策略

變革
策略

教育
策略

經濟
策略

心理
策略

Clark & Guba的變革策略

Getzels的變革策略

強迫式的變革　　權宜式的變革　　本質上的變革

Chin & Benne的變革策略

實證理性策略　　權力強制策略　　規範再教策略

Unit 13-3
教育變革之 RDDA 模式

一、RDDA 模式的起源

RDDA 模式起源於美國，當時為了使農人獲得最新耕種技巧，聯邦政府成立了一些相關重點大學研究農業，並藉由各地方組織傳遞訊息，使得農人可以很快地變更技術，獲得較佳的收成。

二、RDDA 模式的內容

RDDA 是由四個英文字母的字首組合而成，茲分述如下：

1.R：Research（研究）
2.D：Development（發展）
3.D：Diffusion（傳播）
4.A：Adoption（採用）

此模式的主要目的在於拉近理論與實務之間的距離，將優秀的理念或方法推廣到教育領域。

三、RDDA 模式的實例

舉例說明，新藥品的產生步驟，茲分述如下：

1.R：專家先依病症作生化研究。
2.D：經邏輯驗證後，發展出與以往不同的產品。
3.D：徵召試用者或在媒體上發表，加以傳播。
4.A：經過一段時間試用而無後遺症後，取得上市許可而普及於大眾。

四、RDDA 模式的實施前提

學者 Zaltman, Florio, & Sikorski 指出，要採用 RDDA 模式，必須基於以下兩個假設：

1. 接受變革者，必須有心接受新的知識與科技。
2. 在理性判斷後，接受變革者認為此等新知識與科技對學校有利而加以配合。

五、RDDA 模式的原則

使用 RDDA 模式必須做到以下六點原則，茲分述如下：

1. 研究者、傳播者與使用者之間必須建立「合作」關係。
2. 對新科技、新理念的實施，應有「專款補助」。
3. 領導者應「宣導研究課題和成果」，刺激使用者的動機。
4. 實施後，使用者應有「充分之溝通管道」以表達意見。
5. 實施過程應配合社會潮流，最好得到「立法者的支持」。
6. 實施之初必有窒礙難行處，研究者要「未雨綢繆、擬定對策」，以為因應。

六、RDDA 模式的優點

1. 集中專家之力研究，焦點確定而較為客觀。
2. 模式中有傳播與採用之過程，既能很快的將新科技與理念傳遞，又能在全面實施前，理性地評鑑其效用。
3. 補足了學校無力研究之缺失。

RDDA 模式在臺灣實施最完整且具體的，莫過於「臺北板橋教師研習會」修訂小學教科書的例子。右頁即以此為例，說明 RDDA 模式運作之完整流程。

RDDA模式範例舉隅：教科書修訂

新理念、新思潮產生推動修訂教科書 成立小組，確立修訂教科書之方向	研究 （Research）
聘請專家學者編寫教科書內容 初步小規模實驗教科書之成效	發展 （Development）
利用媒體或其他管道說明修訂教科書之原因與經過 將修訂後之教科書提供給學校，並接受初步評鑑	傳播 （Diffusion）
部分學校試教教科書內容 根據成效再予以修訂 新教科書底定	採用 （Adoption）

Unit 13-4
教育變革之撥款補助模式

一、撥款補助模式的起源

　　蘇俄 Spunik 人造衛星於 1957 年率先升入太空，震驚全美，國會逐通過了一連串的聯邦法案，以期影響學校起而變革，其中包括：「職業教育法案」、「高等教育法案」、「初等與中等教育法案」等。各法案對於科學教育、雙語教育、特殊教育等著墨最多，影響力不可忽視。由於這些法案期待學校能夠作出變革以帶動研究風潮，因此皆以經費撥補的方式，支助學校進行各種變革嘗試，「撥款補助」之名即由此而來。

188

二、撥款補助模式的內容

　　上述各項法案中，皆提供大量經費給有意願之學區，以作為變革之誘因。其申請之程序有以下四個步驟：

　　1. 撰寫方案：由「申請人撰寫方案」，說明需要經費之原因與計畫中的變革細目。

　　2. 審核方案：繼之由「聯邦政府審核方案」，依其優先程序作出是否給予經費之決定。

　　3. 成立小組：如果申請成功，學區或學校「成立特別小組」，進行方案中的變革。

　　4. 評鑑成效：當計畫完成後，聯邦政府派「專人作評鑑」，以瞭解其成效。

三、撥款補助模式的特色

　　撥款補助模式的特色，分述如下：

　　1. 政府成為變革代理人：聯邦政府藉由撥款補助模式而成為變革的發動者或代理人（change agent）。

　　2. 混合式變革策略：撥款補助模式趨近於規範再教策略，似乎又具有權力和強制的色彩，因此其變革策略實為權力強制與規範再教策略的混合。聯邦政府希望各地學校或學區能自我覺醒，申請經費而發動變革。

四、撥款補助模式的優點

　　關於撥款補助模式的優點，茲分述如下：

　　1. 不使用完全強制方式，以補助為利誘，較符合民主原則。

　　2. 產生壓力，無形中推動學校朝所希望的變革方向前進。

五、撥款補助模式的缺點

　　關於撥款補助模式的缺點，茲分述如下：

　　1. 投機主義盛行，申請者目的只在弄到經費，作為維護學校聲譽與招生的亮點，而不在變革。

　　2. 美國屬於地方分權制，但撥款補助模式缺乏地方教育當局合作，使得變革僅具象徵性。

　　3. 缺乏周詳完整的評鑑制度，補助績效較難測量考核。

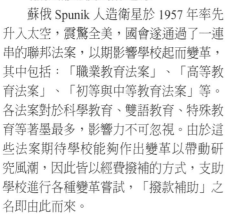

撥款補助模式的步驟

撰寫
方案
→
審核
方案
→
成立
小組
→
評鑑
成效

撥款補助模式的特色

**政府成為
變革代理人**
聯邦政府藉由撥款補助模式而成為
變革的發動者或代理人

**混合式
變革策略**
撥款補助模式趨近於規範再教策略，
似乎又具有權力和強制的色彩，所以
實為權力強制與規範再教策略的混合

缺
點

撥款補助模式

1.符合民主原則
2.讓學校自身產生壓力

1.投機主義盛行
2.缺乏地方教育當局合作
3.缺乏周詳完整的評鑑制度

優
點

Unit 13-5
教育變革之組織發展模式

一、組織發展模式的起源

組織發展模式（organization development，簡稱 OD）觀點興起於商業界，1960 年代運用於教育體系，最吸引人的地方就是提出「自我更新」（self-renewal）的理念，亦即學校成員經過適當訓練與激勵後，就能進行成功的變革。

二、組織發展模式的假設

OD 模式的基本假設有下列三點：

1. 在組織中充滿了各種次級系統（subsystem），彼此交會而不可分割。任何一個次級系統的變革，皆無可避免地影響到其他次級系統。

2. 想要讓變革能夠獲得卓越的績效，就必須作整體性的全盤考量，不能只是頭痛醫頭、腳痛醫腳的補漏式變革。

3. 任何一個組織，不論其健全與否，其目前的運作是各次級系統所形成的一種「動態平衡」（dynamic equilibrium）。

三、組織發展模式的特色

關於 OD 模式的特色，茲分述如下：

1. 不唱高調，而以實務運作上的問題為內容。

2. 藉由組織各成員互相交流的形式，討論其不滿情緒、溝通障礙與角色衝突等以往不敢觸及的課題。

3. 以達成各成員能全盤瞭解環境，並自我設計變革策略為目的。

四、組織發展模式的步驟

OD 的實施在學校中自與商業公司有所差異，但基本上包括下列四步驟：

1. 成立小組期（team building）：當組織中發生問題而足以危害學校運作時，一個由其成員代表所組成的小組開始運作，以試圖解決問題。

2. 診斷諮詢期（diagnosis and consultation）：變革的主事者或代理人開始診斷問題，並由各方取得對待解決問題的回饋，如有需要，外界專家也會被引進，以確定各種策略是否正確執行。

3. 計畫期（planning）：當得到各種回饋資訊後，工作小組必須加以斟酌並計畫提出解決的辦法。

4. 實施評鑑期（implementation and evaluation）：將小組之解決方法提供給平日較少溝通的各組織次級系統參考，在對抗妥協之中，找出最終實施的共識，實施後加以評鑑。

五、組織發展模式的阻力

OD 模式在臺灣學校實施成效不彰的原因有四，說明如下：

1. OD 需要投入大量的金錢與人力，不是固定編制預算的學校所能負荷的。

2. OD 需要外界專業機構如人力發展顧問公司的協助，在這方面，學校多半鮮少接觸，更不必談花錢聘請。

3. 在中央集權制度下的中小學教育，校長只要做好公關，討好上級，又何必採用 OD 模式；且其實施曠日費時，到執行完畢時，校長早已另棲高枝。

4. 就組織特性來說，臺灣中小學屬於靜態，學生學習成就除了升學率外，鮮少被外界評鑑。

成立
小組期

實施
評鑑期

診斷
諮詢期

組織發展模式的步驟

計畫期

臺灣實施OD的阻力

需要大量的金錢與人力

需要外界專業機構的協助

模式實施曠日費時

學生學習成就除升學率外，鮮少被外界評鑑

Unit 13-6
影響變革的變數（I）

一、勢力範圍的定義

學者 Lewin 認為，進行變革分析的首要步驟是進行「勢力範圍分析」（force-field analysis），並將勢力範圍定義為：想改變社會平衡，吾人必須全盤考慮整個社會範圍，其中包括介入的團體與次團體、其彼此之間的關係，以及價值系統等。綜觀並分析社會範圍的定位，才能瞭解各社會事件是以不同面貌流動其間的。

二、組織變革的三階段

Lewin 談論勢力範圍之後，提出組織變革必須經過以下三個階段：

1. 解凍平衡（unfreezing equilibrium）：在變革實施之前，正反兩方勢力形成一種平衡。然而由於變革的發軔，使得這種平衡逐漸被解凍。

2. 改變平衡（changing equilibrium）：此時，支持變革之力發動攻擊，而反對勢力予以對抗。兩軍對陣，平衡漸趨改變。

3. 再凍平衡（refreezing equilibrium）：此時，勝負已定，無論誰勝誰敗，新的平衡點於焉產生。在此要注意的是，所謂平衡，並非指雙方勢均力敵，而是在兩力靜止後的據點，亦即變革可能成功或大敗。

三、影響變革的變數

（一）成員變數：人

變革的實施必須經由組織內的成員實行，其特性影響甚大，亦即「參與者的特性」。茲將定義與解決方式分述如下：

1. 既得利益團體（vested interests）：往往被視為是變革的絆腳石，因為任何變革對其而言，即是一種影響其繼續獲取利益的挑釁。如果此團體龐大，則必會對變革產生嚴重破壞力。解決之道則為提供其充分資訊，將變革之原因、內容、方法、程序，乃至於優點，大力推銷給既得利益團體。

2. 成員組成的特性：所謂「一樣米養百樣人」，組成特性有年齡、社經背景、教育程度、宗教、性別、地域，乃至於學生來源等，這些組合有些傾向變革，有些則否。

3. 變革代理人：Hanson 認為，美國的變革代理人可分為四類，茲分述如下：

(1) 學者治國型：常享有不錯的專業聲譽，其特徵是按照學理逐步進行變革計畫，總是以開誠布公的態度，說明其變革步驟。

(2) 行刑隊長型：為拯救組織，必須大刀闊斧砍掉生病的部分，其特徵是只認上級，而視團體成員如寇仇，做法是全面推翻以往運作方式，並整飭相關人員。

(3) 救火隊員型：隨遇而安，此類人平日無所事事，除了上級交代外，並無主動變革之心。此類人最怕有事，有事則趕快撲滅，在「退休金保衛戰」的校長身上，最為明顯。

(4) 強權信徒型：最喜歡品嘗權力的滋味，其基本運作是透過正式組織系統，以其既有之權威，迫使屬下不得不就範。

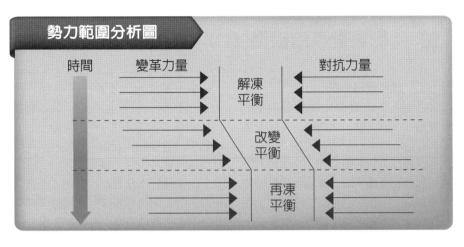

勢力範圍分析圖

時間　　變革力量　　　　　　　　對抗力量

解凍平衡

改變平衡

再凍平衡

· 新方法與技術　　　　　　　　　· 參與者的特性

科技變數　　成員變數

結構變數　　任務變數

· 變革產生地　　　　　　　　　· 變革的內容

影響變革的變數

學者治國型

行刑隊長型

救火隊員型

強權信徒型

變革代理人　　人

Unit 13-7
影響變革的變數（II）

圖解教育行政理論

194

（二）任務變數：事

牽涉到的即是變革此項任務本身的特性變數，亦即「變革的內容」，茲分述如下：

1. 危機性：如果變革產生的原因是為了應付當前的危機，則其實施與接受度就較大。

2. 時效性：在「特定時間」內實施，方能得其效用。

3. 變革的動力來源

(1) 上級命令：即屬強迫式變革。

(2) 行政者發動：即屬權宜式變革。

(3) 己身產生之需求：即屬本質性變革。

4. 時髦性：符合當時的教育風潮與流行趨勢。

5. 牽涉之組織層次

(1) 顯示之組織（manifest organization）：印在組織圖上的內容。

(2) 假定之組織（assumed organization）：按照常理，組織被假定應如何運作。

(3) 現存之組織（extant organization）：組織真正的運作關係。

(4) 必要之組織（requisite organization）：組織理想化的成品，是一種理念抱負，組織必要且應該運作的層次。

（三）結構變數：地

牽涉到發生變革組織結構的特性，例如：權力系統、經費來源、溝通管道，以及科層體制等，亦即「變革產生地」。茲分述如下：

1. 科層體制的強弱：必須從疏通溝通管道開始。科層體制愈強的組織，就必須更注重其垂直式溝通，務必使得上對下與下對上溝通皆流暢無礙，以免訊息在傳遞時失真，造成組織傷害。

2. 組織的市場特性：對市場的依賴程度進行評斷。教育組織原本屬於養護型組織，不需與其他教育組織競爭，但近年來由於少子化，各學校的學生數少，造成僧少粥多之現象，這時就必須將學生市場，即學區學生入學數，列入學校經營考量，避免學生數過少而產生教師超額的現象。

（四）科技變數：物

教育變革的實施，多半牽涉到新理念與新科技，亦即「變革所需的新方法與技術」。茲分述如下：

1. 複雜性：使用科技的複雜與否。如果使用的科技過於複雜，則容易為教育人員所排斥。

2. 可行性：使用科技的可行與否。基於教育組織類型不同，其程度也許有差異。

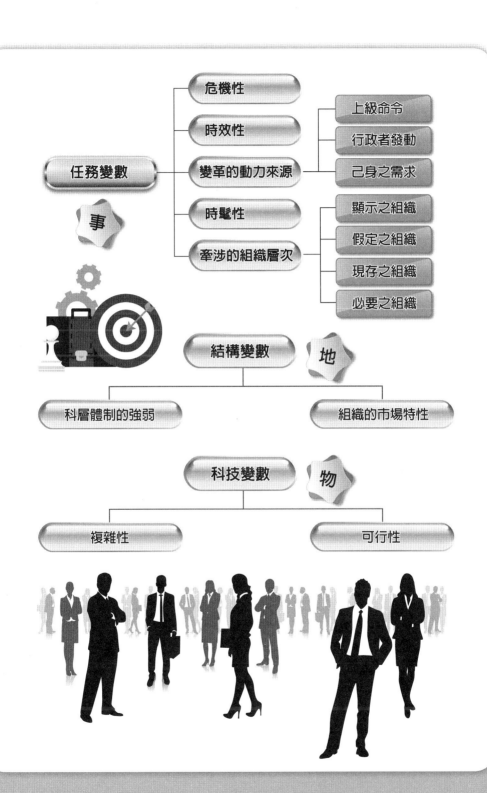

任務變數 事

- 危機性
- 時效性
- 變革的動力來源
  - 上級命令
  - 行政者發動
  - 己身之需求
- 時髦性
- 牽涉的組織層次
  - 顯示之組織
  - 假定之組織
  - 現存之組織
  - 必要之組織

結構變數 地

- 科層體制的強弱
- 組織的市場特性

科技變數 物

- 複雜性
- 可行性

國家圖書館出版品預行編目資料

圖解教育行政理論／秦夢群、鄭文淵著. －－
二版. －－臺北市：五南, 2020.09
　　面；　公分
　　ISBN 978-986-522-153-9（平裝）

1. 教育行政

526   109010705

1IZG

圖解教育行政理論

作　　　者 ― 秦夢群（434.1）、鄭文淵

發 行 人 ― 楊榮川

總 經 理 ― 楊士清

總 編 輯 ― 楊秀麗

副總編輯 ― 黃文瓊

責任編輯 ― 李敏華

封面設計 ― 姚孝慈

出 版 者 ― 五南圖書出版股份有限公司

地　　　址：106台北市大安區和平東路二段339號4樓

電　　　話：(02)2705-5066　　傳　真：(02)2706-6100

網　　　址：http://www.wunan.com.tw

電子郵件：wunan@wunan.com.tw

劃撥帳號：01068953

戶　　　名：五南圖書出版股份有限公司

法律顧問　林勝安律師事務所　林勝安律師

出版日期　2016年 8 月初版一刷
　　　　　2020年 9 月二版一刷

定　　　價　新臺幣300元

經典永恆・名著常在

五十週年的獻禮 —— 經典名著文庫

五南，五十年了，半個世紀，人生旅程的一大半，走過來了。

思索著，邁向百年的未來歷程，能為知識界、文化學術界作些什麼？

在速食文化的生態下，有什麼值得讓人雋永品味的？

歷代經典・當今名著，經過時間的洗禮，千錘百鍊，流傳至今，光芒耀人；

不僅使我們能領悟前人的智慧，同時也增深加廣我們思考的深度與視野。

我們決心投入巨資，有計畫的系統梳選，成立「經典名著文庫」，

希望收入古今中外思想性的、充滿睿智與獨見的經典、名著。

這是一項理想性的、永續性的巨大出版工程。

不在意讀者的眾寡，只考慮它的學術價值，力求完整展現先哲思想的軌跡；

為知識界開啟一片智慧之窗，營造一座百花綻放的世界文明公園，

任君遨遊、取菁吸蜜、嘉惠學子！